英式橄榄球运动个人技术解析和专项技能练习方法

张志强 时永进 姜旭明 ◎著

中国书籍出版社
China Book Press

图书在版编目 (CIP) 数据

英式橄榄球运动个人技术解析和专项技能练习方法 / 张志强，时永进，姜旭明著 . -- 北京：中国书籍出版社，2023.11

ISBN 978-7-5068-9684-9

Ⅰ . ①英… Ⅱ . ①张… ②时… ③姜… Ⅲ . ①橄榄球运动 – 基本知识 Ⅳ . ① G849.2

中国国家版本馆 CIP 数据核字（2023）第 233972 号

英式橄榄球运动个人技术解析和专项技能练习方法

张志强　时永进　姜旭明　著

丛书策划	谭　鹏　武　斌
责任编辑	张　娟　成晓春
责任印制	孙马飞　马　芝
封面设计	博健文化
出版发行	中国书籍出版社
地　　址	北京市丰台区三路居路 97 号（邮编：100073）
电　　话	（010）52257143（总编室）　（010）52257140（发行部）
电子邮箱	eo@chinabp.com.cn
经　　销	全国新华书店
印　　厂	三河市德贤弘印务有限公司
开　　本	710 毫米 × 1000 毫米　1/16
字　　数	285 千字
印　　张	17.75
版　　次	2024 年 5 月第 1 版
印　　次	2024 年 5 月第 1 次印刷
书　　号	ISBN 978-7-5068-9684-9
定　　价	98.00 元

版权所有　翻印必究

目　录

第一章　身体动作 ··· 1
　　第一节　身体动作的意义 ··· 1
　　第二节　球员持球跑动技术 ··· 2
　　第三节　球员持球脚步变化技术 ····································· 10

第二章　传接球技术 ··· 24
　　第一节　传球技术介绍 ··· 24
　　第二节　传球技术的意义 ··· 25
　　第三节　传球技术的形式 ··· 28
　　第四节　挑传球技术 ·· 29
　　第五节　传立球技术 ·· 38
　　第六节　传旋转球技术 ··· 50
　　第七节　传锋传球技术 ··· 74
　　第八节　头上掷球技术 ··· 97
　　第九节　抗传技术 ··· 100
　　第十节　接球技术 ··· 107

第三章　踢接球技术 ··· 121
　　第一节　踢接球技术介绍 ··· 121
　　第二节　踢接球技术的意义 ·· 123
　　第三节　反弹踢球技术 ··· 128
　　第四节　高踢球技术 ·· 134
　　第五节　过顶巧踢球技术 ··· 137
　　第六节　传锋踢球技术 ··· 140
　　第七节　踢旋转球技术 ··· 144
　　第八节　踢地滚球技术 ··· 151

第九节	定点球射门技术………………………………	155
第十节	接踢球技术……………………………………	161

第四章　扑搂技术…………………………………… 165
第一节	扑搂简介………………………………………	165
第二节	扑搂技术的意义………………………………	166
第三节	扑搂的危害和现存问题………………………	171
第四节	扑搂形式和技术动作分析……………………	172
第五节	扑搂技术动作练习示例………………………	181
第六节	倒地放球技术…………………………………	188

第五章　推撞技术…………………………………… 193
第一节	手推技术的意义和形式………………………	193
第二节	高推技术………………………………………	194
第三节	低挡技术………………………………………	197
第四节	撞击技术………………………………………	198

第六章　达阵得分…………………………………… 207
第一节	达阵得分的定义………………………………	207
第二节	达阵得分的意义………………………………	207
第三节	达阵得分的其他形式…………………………	208
第四节	达阵得分的触地形式…………………………	209
第五节	触地达阵得分的练习方法……………………	211

第七章　肌肉力量素质训练………………………… 216
第一节	肌肉力量训练的定义与意义…………………	216
第二节	肌肉力量训练的作用与原则…………………	217
第三节	肌肉力量素质训练的特点与方法……………	219

思考与应用…………………………………………… 264

后　记………………………………………………… 275

第一章　身体动作

　　这里所说的身体动作，是指英式橄榄球运动员在具备一定身体素质(如速度素质、力量素质、耐力素质、灵敏素质、柔韧素质)的前提下，通过对面临情境的经验观察和判断，有意识地运用手臂动作、脚步变化来晃骗防守球员以达到摆脱防守的行为。这是持球球员自己"制造机会""把握机会"突破防守的最佳手段。

第一节　身体动作的意义

　　身体动作，是橄榄球球员在持球进攻跑动时的关键技术，也可以称为自己的"绝活儿"，是队伍的"尖刀"。不论是哪种形式和赛制的橄榄球竞赛，身体动作永远都是竞技场上的特点、看点、赛点和定点。特点，身体动作是橄榄球项目的典型特点；看点，观众喜闻乐见、大开眼界、惊叹声不绝于耳的精彩点；赛点，比赛情景是否精彩、是否夺人眼球、是否让人向往的钟情点；定点，决定比赛输赢的关键点。身体动作的内容详见图1-1。

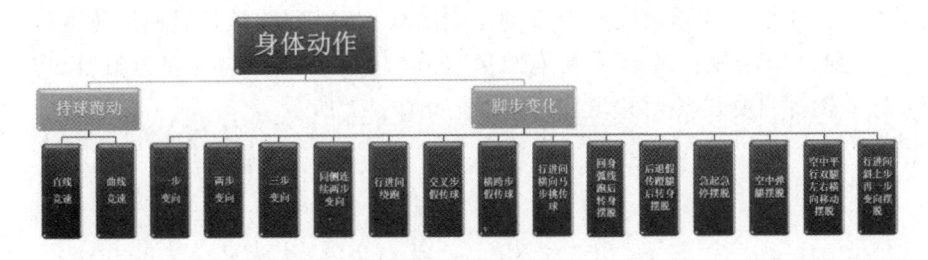

图1-1　身体动作

在场地空间相对开阔的七人制橄榄球比赛中，身体动作显得尤为重要。尽管七人制也是集体项目，需要全队的配合和先进的打法，但是每支队伍都需要有几名身体动作能力突出、机敏过人、具备"国际突破"能力、能给全队创造"破线"机会或把握机会的"尖刀"队员，他们的突出表现能改变赛场的整个局面。例如，斐济队的队长瓦萨拉·撒拉威（Waisale Serevi），他是机会的制造者，是战术的组织者，他自己就能突破防线，就能得分，他往往凭一己之力就能改变竞赛局面。

身体协调，爆发力好，动作能力强，头脑聪颖，在爆发力启动和快慢节奏变化中会晃骗、会变向、会应变，能突破对方的压力线且又有很好分化意识的球员，目前在国内屈指可数。教练员们要在平时的训练中潜心钻研，善于发现、挖掘并启发这样的球员，创新这方面的训练方法，培养"尖刀"人才。

第二节　球员持球跑动技术

一、直线竞速

持球快速跑动，是球员在橄榄球比赛中必须具备的最基本的能力。球员的速度素质即瞬间爆发力、起动速度和绝对速度往往是诸多国家代表队选拔球员优先考虑的因素。球员双手持球于胸前，上体前倾，屈髋屈膝降低身体重心，使球距离身体 10～15 厘米（一拳距离），双肘成 90°。持球球员驱动双腿进入跑动状态后，两臂以肩关节为轴左右摆动，球随摆臂动作协调摆动。双手持球的球员可在高速跑动状态下及时与队友进行传接球配合，但由于摆臂幅度受到影响，会稍稍影响速度的发挥。如果持球球员突破对方的正面防线，与对方球员开启追逐竞速模式，则可采用规范的单手胸抱球形式奔跑，增加摆臂幅度和力量，以更好地发挥自身的绝对速度，直线竞速如图 1-2 所示。

第一章 身体动作

图 1-2 直线竞速

（一）双手持球竞速

3~6名球员，可分组亦可同时进行。每一位球员双手持球位于统一的起跑线后，都采用站立式起跑的姿势，做好各自的起跑准备。教练员鸣笛后，所有球员双手持球快速跑动，在跑动过程中必须采用双手持球的方式，上下肢协调摆动、配合，根据通过终点的先后顺序决定名次或记录竞速时间。竞速距离和重复跑次数可根据球员的年龄、能力或教练员的意图来决定，如10米、20米、30米、50米、60米、100米等。

（二）单臂抱球竞速

要求参与的球员单臂抱球，在统一的起跑线后，采用站立式起跑的姿势做好准备。教练员鸣笛后，球员快速反应，由静止状态快速进入途中跑竞速状态，且在跑动过程中必须进行一次左右臂抱球交换，率先冲过终点的球员获胜。可计时进行多次重复练习，也可以根据名次适当进行奖惩。

（三）伏地捡球竞速

要求球员把球放置在起跑线上，球员在球后位置完全俯卧且胸部贴地。教练员鸣笛后,球员快速起身捡球进行竞速,双手持球或单臂抱球均可。

(四)折返跑再捡球竞速

教练员要求球员完全俯卧在地且胸部贴地,把球放置于起跑线上,并设置3~8米长的折返线。教练员鸣笛后,球员要快速起身加速,首先要快速完成规定的折返跑次数,要求球员在到达折返点时必须单手触摸折返线,以使球员在折返跑竞速中保持低重心,然后才能捡球进行长距离(20~50米)竞速,双手持球和单臂抱球均可。

(五)组合竞速

在折返跑再捡球竞速练习的基础上,教练员可以要求球员从起跑开始就捡起球,持球进行折返跑竞速,还可以在快速折返跑或直线竞速的路途中设置固定的障碍物(安全前提下),抑或局部改变运动模式(例如设置俯卧撑、仰卧起坐、波比跳、绳梯脚步等),以增加跑动的难度,这些都是非常好的练习方法。通过类似的组合、综合练习,以提高球员的精神专注度和身体控制能力,检验和发展球员的爆发力速度和持续快速跑的能力。为了球员更好地进步成长,需要教练员结合比赛实际,发挥聪明才智,创编出安全、新颖、实效性强的专项跑动练习方法。

二、曲线竞速

用5个红色锥形桶以折线摆放,彼此间距5米。球员双手(或单手)持球从起点出发,快速跑动绕过每个锥形桶,然后直线加速冲过起点位置。提高球员持球快速跑动时的身体协调性、灵活性和加速减速、调整身体倾斜角度和脚步节奏的能力。场地设置如图1-3所示:在长25米,宽5米的范围内摆放1个黄色圆形标志碟和5个红色锥形桶。球员双手(或单手)持球站在黄色圆形标志碟后面,当听到教练员发出"跑"的口令后开始起跑,教练员发令同时开始秒表计时。球员按照下图所示路线跑动,当绕过最远端红色锥形桶后折返,直线加速跑并冲过起点,当球员胸部抵触黄色圆形标志物的假想垂直线时，教练员停止计时。

提示：练习前，一定要充分热身，特别是髋关节、膝关节和踝关节，可以让球员先以中等速度进行适应性练习，然后再全力进行，以避免急停急转造成严重损伤。

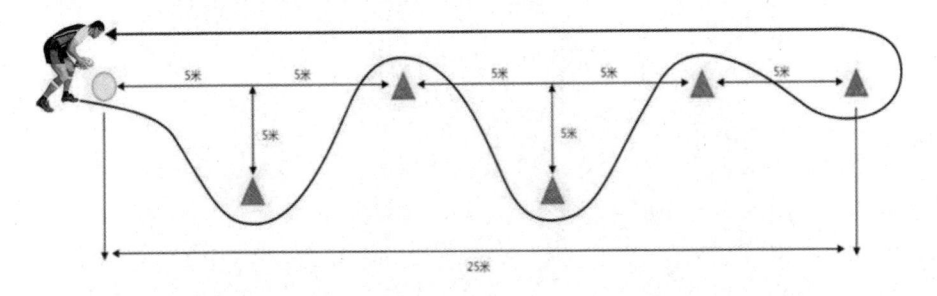

图 1-3　曲线竞速

三、双手持球躲避跑

利用标志碟摆出一个边长为 5 ~ 10 米的正方形，12 ~ 20 名球员，分成 4 组，每组的第一名球员双手持球。每组球员占据一个直角点，与对角线的另一组球员相对呈直线站立，如图 1-4 所示。

每组的第一位球员双手持球，在听到教练员鸣笛后，四个组的第一位持球球员同时加速向对角线的组跑动。四名持球球员在跑动过程中要随机躲闪，改变跑动方向，或急起急停以避免球员之间相互碰撞，到达对角线的位置后把球交给另一位球员；四名持球球员听到教练员的鸣笛后再同时启动躲避跑，尽可能在高速下完成，依此循环练习。

提示：练习前，教练员一定要提醒球员，精神要高度集中、紧张，绝不能有嬉笑状况出现，要低姿俯身加速，眼睛余光要打开，身体动作快慢可控。如果在快速躲闪跑动中发生碰撞（任何方向）或倒地，切记要身体绷紧，主动接触或抵抗，避免因为躲避或身体肌肉放松而受伤。

图1-4 双手持球躲避跑

四、持球追逐跑

两名球员搭档,彼此做好站立式起跑的准备。前面的球员(起点1)双手持球在另一名追赶球员(起点2)前面2~3米的地方站立,听到教练员鸣笛后,两人同时启动进行追逐,如图1-5所示。

前面的球员双手持球进行摆脱跑,持球球员可以采用直线跑、斜跑、蛇形跑等形式。如果持球球员的速度明显没有追赶球员快,也可以采用转弯急停再晃动摆脱等形式,尽可能延长持球跑和被抓住的时间。追赶球员紧紧跟随持球球员的跑动轨迹,以迫使持球球员在跑动中提高自身的感观判断力,最后争取能够抓住持球球员,提高自身在无规律、高速、变速下的捕捉能力。

提示:如果人数较多,注意组与组的间距,可以利用标志碟把场地划分清楚,避免发生不同组球员之间的碰撞。另外,两名球员在高速中接近时,亦容易发生彼此绊倒或追赶球员身体重心过度前倾导致前扑摔倒的状况,这都要引起高度重视,以免造成严重受伤。

第一章　身体动作

终点　　　　　　　　　　　　　　　　　　起点1　起点2

图 1-5　持球追逐跑

五、持球"一对一"摆脱

在 5 米 ×10 米的矩形区域内，利用胶带或标志碟把 5 米宽的场地分割成分别为 2 米宽和 3 米宽的两块区域，其中 2 米宽的区域由持球球员进攻突破利用，3 米宽的区域由防守球员阻截利用，场地设置如图 1-6 所示。

攻防双方面对面相对站立，持球球员通过脚步的移动，如左右晃动变向、急起急停、转身加速等方式，突破防守球员不过线的防守并跑至对方 3 米线后触地达阵得分，完成进攻。防守球员不能过线防守，只能与持球球员似如影随形；如果持球球员突破过线，防守球员即可进行防守，双手触碰到持球球员肩部以下的身体即为防守成功，在 3 米线区域内均可追防。

攻防双方，每人有五次持球进攻的机会，然后攻防互换，比较触地达阵得分的成功率，达阵得分次数多的球员获胜。进攻方向也可以规定为窄度方向（攻防双方侧身相对）。如果采用窄度方向，只要持球队员成功越过中间线，就算胜利。这种练习形式可以很好地提高持球队员不同身体形态和朝向下的个人动作能力。

提示：教练员可以安排身体动作能力相当的攻防球员进行比拼，以提高球员主动制造机会的意识、敏锐的观察力和身体的掌控能力。教练员也可以安排身体动作能力有悬殊的球员进行比拼，以提高优势球员的自信心，激发弱势球员的上进心。

图 1-6 持球"一对一"摆脱

六、蛇形绕跑

（1）12～24名球员，分成2～4组，每组6名球员呈纵队站立，彼此前后间距1～8米，队尾的球员双手持球，如图1-7所示。

（2）教练员鸣笛后，每队最后的球员双手持球向前快速"蛇形"绕过所有呈纵队站立的球员，到达队首要求的间距后，快速把球递给或传给身后的球员（或头上、胯下递球，或左右转身传球等），然后依次传递，直到最后一名球员拿到球，再进行蛇形跑动。

（3）依此循环练习，提高球员双手持球跑动时的协调性和灵活性，以及在传递过程中眼睛和身体的随球移动能力。

提示：当站立的球员彼此间距5米以上时，教练员可以要求持球球员在绕开站立球员的瞬间变化为外侧胳膊抱球，以跑动过程中以快速左右臂转换抱球跑的形式完成练习，提高球员在比赛中持球躲避、远离防守的意识，为掌握手推技术奠定基础。

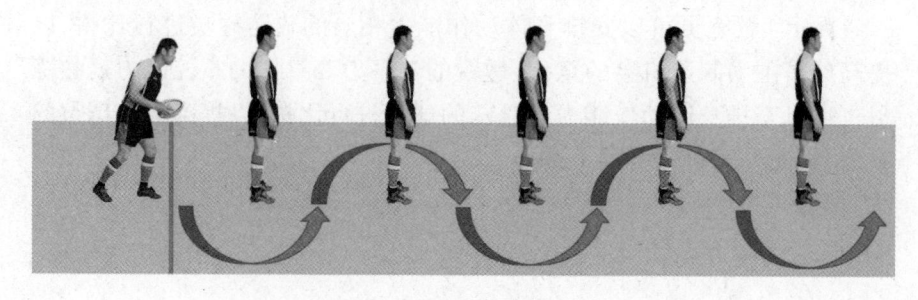

图 1-7 蛇形绕跑

七、"贴树皮"游戏

（1）16~20名球员，两人一组，前后站立，所有球员两两为伴且均匀地站立在直径为10~12米的圆周上，其中一组人员出列进行游戏。游戏形式是一名球员双手持球追逐另一名球员，如图1-8图所示。

（2）被追逐的球员可以借助其他组人员的掩护进行躲避，也可以快速"贴"（球员背部）到任何一组人员的前面并大声喊："贴！"结束自己的跑动。

（3）被"贴"小组后面站立的球员赶快跑动，持球球员改变追逐对象，开始追赶刚刚脱离小组的那一名球员。

（4）如果被追逐的球员没有机会"贴"住任意一组，而是被持球球员用球触碰到身体，那么持球球员赶紧把球放在地上并快速逃跑，刚刚被追逐的球员快速捡起球变成持球球员，前去追赶刚才放球的球员。也就是说被球触碰后，两人的角色互换。

（5）持球球员用球触碰被追逐球员时，必须是单手持球或双手持球进行触碰，触碰时球不能掉落，更不能把球扔出去击打被追逐球员。

提示：既是游戏，又是非常好的练习方法，寓教于乐。可以提高球员急起急停、掩护躲闪、机敏灵活的身体控制能力，有勇有谋、敢于挑衅和挑战自我的观念意识，以及追逐过程中的感观判断。如果人多地方大，可以出列两组球员同时追赶，但要注意相互躲避，避免撞伤。在两组或多组球员追逐过程中，不能互换追逐对象。

图1-8 "贴树皮"游戏

第三节 球员持球脚步变化技术

本节列举了14种不同方式的脚步变化来达到突破防守的目的,教练员、球员借鉴与练习的同时亦可以积极开动脑筋,进行自我创新。

一、一步变向

（1）持球球员在直跑或斜跑或碎步跑的过程中,依据自己的身体控制能力和比赛经验,判断好防守球员的位置和距离,创造施展脚步变化的时机。依据英式橄榄球比赛中的防守原则,防守球员通常会留在持球球员的内侧位置（错开一个身位左右的距离）进行防守。动作如图1-9所示。

（2）持球球员突然降低身体重心，针对防守球员的外侧可利用空间，右腿（或左腿）突然非常规加大步幅，右脚（或左脚）全脚掌爆发力落地且跺地有声，此时身体80％的重量和腿部力量都要压在前面的支撑腿上。

　　（3）持球球员膝关节略弯且朝向一定要与支撑脚方向一致，身体跟随跺地的右腿（或左腿）稍俯身前倾，与膝关节方向一致。

　　（4）持球球员要根据防守球员的防守意图，瞬间决定是继续向跺地腿膝关节朝向的空间跑动，还是改变方向利用防守球员内侧的空间进行突破。

　　（5）假设从防守球员内侧突破，持球球员蓄力跺地的右腿（或左腿）要借助地面的反作用力快速蹬离地面，使跑动骤停并试图改变方向。

　　（6）持球球员改变跑动方向的同时要转头、转肩，以头部的移动带动身体，特别要体会头、肩平移拉动的感觉，在视觉上加大变向幅度，使防守球员在感观上产生误判。

　　（7）倘若防守球员反应敏捷，持球球员可在改变跑动方向的瞬间换成外侧手臂单手抱球，腾出另一只手用来推挡防守球员的捕捉。

　　（8）持球球员在变向过程中，身体倾斜度要与跑动方向一致，从而最大限度地发挥速度。

　　提示：球员在施力蹬地时，切忌身体过早向反方向移动，容易形成折线用力，造成髋关节、膝关节（或脚踝）损伤。

图1-9　一步变向

二、两步变向

　　（1）持球球员双手持球，在直跑过程中，留心观察防守球员身体左右的可利用空间,经验地判断与防守球员之间的距离,通常大约相距5～6米时实施两步变向。

（2）持球球员突然稍稍降低身体重心,身体正对跑动方向或正面面对防守球员,正常步幅突然变为稍大步幅的可控惯性跑。

（3）持球球员的左腿（或右腿）向左前方（或右前方）横跨并伴随着协调的头、肩向左侧（或右侧）晃动,身体重量的60%转移到左侧支撑腿上,假装要从防守球员的内侧突破,造成防守球员瞬间的防守判断和行为迟滞。

（4）第一步变向似蜻蜓点水般误导防守球员的判断,持球球员左脚快速轻跺地,并向右侧（或左侧）拉头、拉肩,带动身体向右侧移动,右腿（或左腿）向右侧横跨,身体重量的80%转移到右侧支撑腿上,假装要加速从防守球员的外侧突破。

（5）此时防守球员会信以为真,因为刚刚第一步变向动作导致其思想和行动会稍稍迟疑、停顿,现在思想笃定要蓄力加速进行捕捉。

（6）此时持球球员的第二步要爆发力跺地有声,向右侧（或左侧）拉动的头、肩随着横跨、跺地的脚步骤停并再次向左侧（或右侧）平移拉动,右脚跺地（或左腿）的同时借助地面的反作用力使身体改变方向,另一只脚快速跟进并再次从防守球员内侧突破。

（7）持球球员通过第二步变向与防守球员错开位置的瞬间,双手持球变为外侧手臂单手抱球,临近防守球员的手臂半屈在胸前,手掌扬起且五指张开,做好推挡防守球员的准备。

提示：第一步变向时变向幅度不要太大,身体保持正对防守人,核心区稳定,通过头肩的晃动来干扰防守人的判断；第二步变向时要全力以赴,能突破最好；不能突破,要做好手推或撞击的强硬突破准备。

三、三步变向

（1）持球球员在跑动中或启动跑时都可以运用"三步变向",经验地判断防守球员的位置和距离,或防守球员在正前方位置。

（2）持球球员前两步的侧蹬幅度不要过大,主要是身体蓄力和配合好头肩的协调晃动,第三步快速平移拉头、拉肩,踏实、用力,使身体瞬间改变方向,以摆脱防守球员的捕捉。

（3）在"一对一"攻防的情况下,持球球员判断好防守球员的方位

（正前方）和距离（4～6米），控制好自身状态（速度、重心和脚步协调），感觉恰到时机时，持球球员进行头肩的晃动和脚步的变化，前两步主要是迟滞防守球员的逼迫脚步和迷惑防守球员的判断，使其不能臆测持球球员的意图。持球球员可从左侧突破，亦可从右侧突破，还可以正面撞击或踢球。

提示：如果能达到使防守球员脚步站定、双脚平行、俯身等待的目的为最佳，此时持球球员根据可利用的空间（同时也要注意到是否有其他防守球员进行协防）进行最后一步变向的方向决断，借助行进间速度优势和防守球员原地启动跑（或相反方向移动）的时间差进行成功突破，或借助防守球员不合理的防守站姿进行出其不意的高姿弹撞进行突破。

四、同侧连续两步变向

（1）原地启动或慢跑、碎步跑的过程中，针对防守线参差不齐，特别是临近面对的左侧（或右侧）出现防守球员前后错开防守站位时，利用同侧连续两步变向的技能正是恰逢其时。

（2）持球球员双手持球，针对正面或左侧（或右侧）而来的防守球员，采用一步变向的技能向左侧（或右侧）突破，首先将第一名防守球员的捕捉化解，然后立刻调整脚步（碎步）针对与第一名防守球员前后错开防守距离的第二名防守球员。

（3）第二名防守球员观察到持球球员的突破，快速从正面或左侧（或右侧）压迫而来，持球球员要充分利用第一名、第二名防守球员之间的纵深距离，假装要从两名防守球员中间突破（身体向第一名防守球员身后方向移动），以带动防守球员的身体向右（或左）移动。

（4）持球球员再根据防守球员的位置、距离、速度和补防企图等，针对第二名防守球员再次采用一步变向的技能向左侧（或右侧）突破。

提示：第一步变向与第二步变向的动作技能相同，关键是要利用垫步或碎步把同侧的两次变向协调地连接起来。注意身体的晃动、内压，身体保持向前，胸部基本正对着进攻方向。特别要把控好第一步变向与第二步变向之间的衔接（一步或几步的小碎步），控制好自身平衡状态，判断好距离和可利用空间，要强调对快慢节奏的把握。

五、行进间绕跑

持球球员双手持球，利用60%~70%的可控速度跑直线并接近身体正对或内侧而来的防守球员，利用防守球员身体右侧（或左侧）的较大空间进行突破，动作如图1-10所示。

当持球球员距离防守球员大概4~5米时，持球球员突然右腿（或左腿）加大步幅，右脚（或左脚）爆发力踩地，迫使身体朝向和跑动方向向左侧（或右侧）发生改变，方向改变的角度差不多接近直角。

持球球员的身体倾向于他的左边（或右边），开始用右腿（或左腿）加速并横向交叉到持球球员的左腿（或右腿）前。这一瞬间创造全新的跑动角度，并充分发挥持球球员的主动性速度。

提示：所有原因都是防守球员心里片刻的犹豫、踌躇，持球球员在快慢节奏变化中突然施展爆发力速度去加速摆脱。在加速摆脱过程中，持球球员适当回身并根据防守球员的追防情况，适时腾出内侧手准备推挡防守球员。

图1-10　行进间绕跑

第一章　身体动作

六、交叉步假传球

（1）持球球员双手持球与队友协同快速进攻，通过经验的跑动、选位创造局部"二打一"的绝好时机。

（2）时机出现，持球球员可以主动吸引防守球员，牺牲自己把球传递给跑向无人防守空间的队友，形成突破；也可以借助队友的吸引牵制，利用防守球员想要凭借一己之力防守住两人的侥幸心理，通过假传球动作晃骗防守球员的防守，形成突破。

（3）持球球员在做假传球动作时，为了不影响跑动速度，最好选择施展交叉步假传球的技能。

（4）持球球员与协同队友彼此间保持好距离和纵深，在高速逼近防守球员的过程中，持球球员根据防守球员的位置和速度，经验地把握时机以施展交叉步假传球技能。

（5）持球球员在做假传球动作时，身体重心稍降低，髋关节朝向跑动方向，内侧腿（相对于队友）在前，身体稍侧转并转头寻找协同队友，眼睛一定要看到队友准备接球而抬起的双手，这是使防守球员"上当受骗"的关键。

提示：双手持球的臂膀朝向协同队友充分挥摆，传球动作与真传球动作无异，球在最远端时稍作停顿，利用防守球员的镜像错觉和向外防守的侥幸心理，持球球员与防守球员快速错开身位的同时，持球球员再快速把球回收到胸前并爆发力加速跑，摆脱防守。

七、横跨步假传球

（1）持球球员双手持球与队友协同进攻，通过经验的跑动、选位制造局部"二打一"的突破良机。

（2）持球球员有两种不同的跑动形式。其一，高速状态下立刻减速，逼近防守球员时（2～3米）身体重心突然降低并急停，立刻调整脚步形成外侧腿（相对于队友）在前，整个身体向内侧转动并朝向协同队友呈横跨半蹲马步的状态，外侧肩（相对于队友）对着防守球员，做好防撞击准备。其二，当距离防守球员较近时，持球球员对着防守球员加速并碎步调整彼此间的距离，待到距离合适时，不失时机地突然降低身体重心,外侧腿加大步幅向前并停住,身体向内侧(相对于队友)旋转朝向协同队友,形成横跨半蹲马步的状态,外侧肩(相对于队友)对着防守球员,做好自我保护的动作。

(3)持球球员有两种传球选择。其一,选择牺牲自己。快速跨步到防守球员的前面,用身体阻挡住防守球员的同时把球传给协同队友,形成突破。其二,选择借助协同队友的吸引,保持好与防守球员之间的距离,通过横跨步假传球晃骗防守球员向协同队友移动,形成突破。

(4)持球球员形成横跨半蹲马步状态时,身体80%的重量要压在外侧的前腿上,也就是说外侧腿是身体重量的支撑腿,主要起到准备承受冲撞的作用。

(5)在身体内侧转动朝向协同队友的同时,双手持球大幅度挥摆传球,球伸展至最远端时被把控住并短促暂停一下,使防守球员产生已经传球出手的错觉,跟随着传球动作向协同队友的位置移动。

(6)持球球员快速收球至胸前的同时,以外侧前腿为支撑轴,后腿随着身体的后转身快速后撤,使整个身体向后转身270°,面向进攻方向,然后加速跑摆脱防守球员。

提示:横跨步假传球之后,快速收球的同时,持球球员要后转身加速摆脱;当然也可以不做后转身,而是直接向前迈步摆脱,但这样的行为容易使球全部暴露于防守球员面前,容易被反应快速的防守球员用手把球拍掉。

八、行进间横向马步挑传球

(1)这项脚步技能主要应用于参赛人数较少、场地空间较大的七人制橄榄球比赛中,因为它需要持球球员与协同队友一起配合完成,且把控得当的快慢节奏是决定这项脚步变化技能成功的关键。因为持球球员需要与近距离快速插上的队友配合,所以采用挑传球的传球动作。

(2)持球球员双手持球在快速斜跑带动的过程中,借助协同队友的默契配合,经验地实施行进间横向马步挑传球。

(3)这项脚步变化有两种形式。假设持球球员是向自己的右前方斜跑带动:其一,是与内侧插上的队友做配合。持球球员快速斜跑中突然碎步急停,急停时右腿在前,便于观察防守球员的位置与距离,然后根据防守球员的追防情况,快速调整脚步使左腿加大步幅前跨并作为支撑腿承载80%的体重,左侧肩对着防守球员,身体朝向右侧快速近距离插上并准备接球的队友。上腿跨步的同时做传球动作,假装要把球挑传给插上的球员,形成带有动量的直线突破或撞击。持球球员站在原地失去突破威胁,而加速插上的球员则成为防守球员的主要针对目标,防守球员势必会移位并低姿做好强悍扑搂的准备,此时持球球员把握时机,假传球并快速后转身摆脱防守球员的追防。其二,是与外侧交叉进来的队友配合。持球球员快速斜跑带动中发现右侧已经没有太多空间可用,突然碎步急停,急停时左腿在前,左肩对着防守球员,这样有利于保护好球和寻找队友。持球球员的队友观察到自己的前方已经没有太多空间可用,果断向左侧斜插跑动,想要与持球球员做交叉配合。持球球员观察到右侧的队友想要与自己做交叉配合,立刻回转身并后撤右腿,使身体背对防守球员。持球球员的头、肩带动身体重心随着队友插上的速度向右腿过渡,当要进行交叉传球的瞬间也是持球球员右腿蓄力已满的瞬间。此时,持球球员停在原地且背对防守球员,完全失去了进攻威胁,致使防守球员转移防守目标。机不可失,持球球员做出与队友交叉挑传球的假象,收球的同时右腿蹬地并快速向左侧后转身进行摆脱。

提示:再次强调在整个配合过程中,急停—假传—摆脱是三个连贯的动作,且三个动作衔接的中间都要有一点儿停顿,绝不能自乱阵脚。

九、回身弧线跑后转身摆脱

(1)持球球员与防守球员在边路形成"一对一"攻防模式,且边路具有一定的可利用空间。

(2)持球球员快速向边路的空间跑动,假装是想利用空间凭借边路绕跑的方式突破防守球员的阻截,诱使、逼迫防守球员追赶。

(3)依据防守球员的快速阻截速度,持球球员判断不能突破,此时要立刻减速并回身朝向本方得分区方向跑动,做出寻找队友找支援的假象,再次引诱防守球员追赶。

(4)如果防守球员看到持球球员往回跑,没有了进攻威胁,不再穷追不舍,而是减速准备与队友再次形成防守线,那么就此作罢;如果防守球员判断持球球员突破能力一般,想要尽快捕捉到持球球员,脚步就会紧跟持球球员,如此就会落入圈套。

（5）持球球员在边路的跑动路线就像一个弯曲的鱼钩，回身往回跑的时候要带有一定的向场地内侧的弧线，迫使防守球员加速紧跟的脚步，意欲扑搂持球球员。

（6）持球球员凭借经验和感觉，在防守球员即将准备实施捕捉的时候，突然内侧腿（相对于比赛场地中央）蹬地，快速折返回边路空间并向着边线加速，从而摆脱防守球员的追赶，再次形成边路突破。

（7）防守球员被欲速捕捉的主动行为和思想所麻痹，不能立刻转变方向，从而被轻易摆脱。

提示：持球球员是否能够成功突破，关键要看动作实施的完整性。"艺高人胆大"，凭借自己的技能和经验，从容应对防守球员的压力捕捉。"愿者上钩"，这项技能通常不会让实施者失望。

十、后退假传蹬腿后转身摆脱

（1）持球球员与防守球员在"一对一"攻防模式下，持球球员通过向前、后撤、假传球、回身跑的动作转换进行摆脱。

（2）假设持球球员双手持球向右前方奔跑突破，防守球员在其左侧追防。持球球员跑动中经验判断不能成功摆脱防守，立刻改变策略。持球球员突然降低重心并碎步急停，外侧腿（相对于防守球员）在前，在跑动中时刻要用眼睛的余光观察防守球员的位置和距离。

（3）持球球员急停后迅速向左下方交叉步后退，身体朝向防守球员，后退的距离和速度要依据防守球员压迫的速度而定，而且要机敏地边退边寻找在有效位置准备接应的队友。

（4）持球球员距离防守球员大概2~3米时，突然向左侧转身并挥摆双臂准备把球传给场地内接应的队友，传球动作实施的同时右腿跟进，形成背对防守球员的状态，展示给防守球员的情形是持球球员要传球给队友并要快速跟进支援。

（5）防守球员看到持球球员的表象，信以为真，自然会疏忽、放松对持球球员的重点捕捉，把注意力转移到场地内。

（6）此刻，正是持球球员施展后转身摆脱的大好时机。持球球员假装传球的同时身体回转背对防守球员，右腿跟进并蓄力，身体重心转移到右腿上，然后右脚爆发力跺地蹬转，使身体急停并快速后转身摆脱防守球员，再从之前的右侧空间加速跑突破。

第一章　身体动作

提示：持球球员在后退寻找队友支援时，表象要做得非常逼真，如同演员表演。持球球员要给防守球员一种慌张、紧迫、急切地想要把手中的"炸弹"扔掉的感觉，从而蒙蔽防守球员的心智，让其精神松懈，注意力转移。这项技能成功生效的关键在于"诱敌深入，连贯的演技"。

十一、急起急停摆脱

（1）持球球员双手持球，在面对侧面而来的防守球员的捕捉时，可以采用急起急停的脚步变化来应对。通过启、停的快慢节奏，主动、被动的时间差；身体前倾后仰晃动，利用镜像反应来影响防守球员，从而摆脱防守。持球球员也可以利用这种无规律跑来瓦解防守球员的准确扑搂。

（2）持球球员在急起急停摆脱时，要保持好身体的低重心。加速时，身体要前倾、俯身、爆发力启动跑；急停时，脚步要骤停（难度大），也可碎步急停。急停住脚步时，外侧腿（相对于防守球员）在前，有利于观察和自我保护。急停住身体时，身体要后仰回撤，晃动幅度可大可小，身体重心也是由前脚转移到后脚，似协调的舞蹈动作般给予防守球员很好的表象。

（3）再次急起的时机要看防守球员的反应如何。如果再次急起，那么身体重心恰好压在后脚上，后脚容易蓄力并快速蹬离地面，身体再次前倾、俯身并全力加速。

提示：运用急起急停摆脱防守球员，可能需要连续重复几次，在摆脱过程中要时刻观察场上情况，寻找可以配合的队友；同时更要时刻关注防守球员的跟随和扑搂距离，随时准备把球转移到外侧手臂，内侧手做好推挡准备和自我保护。

十二、空中弹腿摆脱

（1）空中弹腿摆脱主要针对侧面或侧后方而来的防守球员。在追逐跑中，持球球员利用脚步变化、空中制动、突然加速摆脱防守球员的追防。开创这项技能的鼻祖是斐济队的传奇队长——瓦萨拉·撒拉威（Waisale Serevi）。动作展示如图1-11所示。

（2）进攻球员双手（或单手）持球，原地启动或在快速跑动中经验地判断防守球员的位置和彼此间距离。

（3）持球球员和防守球员相距约3～4米时，持球球员突然内侧腿（相对于防守球员）蹬地使身体腾空且在空中制动。

（4）持球球员在蹬地腾空的瞬间重心要后移，使奔跑速度骤然下降，腾空的身体保持制空动作，就像拍照片摆姿势一样，在空中短暂停顿。双腿半屈，内侧膝关节稍在前，双脚尽量并拢。

（5）待下落到一定程度或依据防守球员的具体情况，持球球员的内侧腿再次突然爆发力蹬地（全脚掌），另一条腿向前协调弹踢，猛然间加速摆脱防守球员。

提示：持球球员在空中要适当团身，蓄力待发，并根据防守球员的位置和距离情况，随时腾出内侧手准备推挡和保护自己。

图1-11 空中弹腿摆脱

十三、空中平行双腿左右横向移动摆脱

（1）动作展示如图1-12所示，进攻球员双手持球于胸前，原地启动或正对防守球员的跑动中。

（2）持球球员经验地判断与防守球员之间的距离，彼此相距4~5米时，突然单腿蹬地起跳且腾空制动，骤然减缓跑动速度。

（3）持球球员双腿在空中时形成横向的半马步状态，双脚稍并拢且重心后移，头、肩左右协调晃动，但幅度不宜过大。

（4）待持球球员即将落地瞬间或根据防守球员的企图和身体姿态，最好是使防守球员的双腿形成横向平行开立，突然出右腿（或左腿），右脚全脚掌爆发力蹬地横向变向并加速从防守球员的右侧（或左侧）摆脱。

提示：持球球员在加速摆脱防守球员且位于其身体一侧时，要即刻变双手持球为远端（相对于防守球员）单手持球，内侧手保持在胸前半屈状态，做好推挡防守球员的准备。

图1-12　空中平行双腿左右横向移动摆脱

十四、行进间斜上步再一步变向摆脱

（1）持球球员双手持球于胸前，原地启动跑或快速跑动中，针对正前方或侧前方而来的防守球员时可以采用本技能，动作如图1-13所示。

（2）持球球员经验地判断防守球员的位置和距离及压迫速度，及时调整脚步，主动施展假动作诱骗防守球员，以瓦解其有效防守。

（3）当持球球员距离防守球员3～4米时，持球球员突然减速，其身体向外侧（相对于防守球员）倾斜并抬内侧腿（相对于防守球员）大步幅交叉到外侧腿的外前面，使身体向右（或向左）发生位移，以此来带动防守人的重心移动。

（4）随着身体的侧移，持球球员的外侧腿大步幅继续向同方向迈步，然后外侧脚爆发力踩地并蹬离地面，使身体改变方向朝着内侧腿方向或防守球员内侧空间突破，同时要变成单手持球，以推挡防守球员并加速摆脱。

提示：持球球员连续向一侧位移的两步，要求大步幅，快慢节奏衔接，头、肩领先且最后改变方向突破时要有头、肩平移拉动的感觉，以大幅度变向的假象来迷惑防守球员，形成有效进攻突破。

第一章 身体动作

图 1-13 行进间斜上步再一步变向摆脱

第二章 传接球技术

传接球技术是英式橄榄球运动员彼此配合、串联的方式,就如同足球的盘带、传球,篮球的运球、传球一样,是赛场上任何位置的球员都必须掌握的个人技术。英式橄榄球比赛中,进攻方必须向后传球的规则是该项目的独有特征,球员利用空间有效地进攻突破是"把握机会""创造机会"的最佳方式。

第一节 传球技术介绍

传球技术是英式橄榄球比赛中的进攻技术之一,是进攻方球员之间相互传递、转移、配合、突破对阵方防线,最终达阵得分的手段之一,属于个人技术范畴。传接球技术的内容见图2-1。随着现代英式橄榄球竞赛规则的不断更新、完善,球员个人及整体防守观念的先进性和技术动作的实效性不断增强,比赛中攻防双方相互施压的程度日趋严峻,对峙双方对传球技术的要求越来越高,传球已经成为决定一场橄榄球比赛胜负的重要原因。在英式橄榄球比赛中,都是通过持球跑动和向后传球的方式向前推进以争夺地域。如果球员向前传球,裁判员会停止比赛并判罚进攻球队失去控球权。向后传球是英式橄榄球运动区别于其他集体球类运动的鲜明特征,也是我们学习这项运动首先要掌握的技能。

传球在英式橄榄球比赛中不只是个人行为,不仅个人要掌握娴熟,而且每一位球员的个人技能都要融入队伍中去,形成全队技能,特别是教练员更要注重全队观念。为何要提出全队技能这个概念?因为全队技能是形成全队战术打法的基础,是全队战术打法得以贯彻实施的保障。日常练习时要把全队作为一个整体，每个人、每个局部、每个环节都要具备高效、流畅的传接球能力，经得起高速下、变化下、刁难下的检验。国外很多优秀的队伍，在紧张激烈、高强度、高压力比赛中的传接球失误率通常为零。集体项目必须要具备"集体"的技能，才能在比赛中充分发挥个人和全队的"会打"能力，才能称得上高水平、高层次。评价一支橄榄球队伍的竞技水平，全队的传递配合"基本功"就是指标之一。

图 2-1 传接球类析

第二节 传球技术的意义

英式橄榄球运动是一项剽悍勇猛，集力量、速度、智慧和团队精神于一体的极具挑战性和刺激性的强者运动，是具有高强度身体对抗、鲜明项目特征的团体竞技项目。

英式橄榄球比赛的方式是赢得球权的进攻方带球穿越敌队的防线，到达敌队的达阵区并压球触地得分，单位时间内得分高的队伍获得胜利。英式橄榄球比赛的攻防形式酷似古战场两军对垒，彼此侵占地域的场面。在激烈的比赛中，攻防双方围绕移动中的橄榄球进行针锋相对的较量，进攻方通过传球的纽带作用把进攻战术巧妙链接、组织起来，把场上每一位进攻球员串联成一个具有强大攻击性的整体，为突破防线达阵得分创造良好的机会。

初听对峙双方攻防模式感觉比较简单，但是由于英式橄榄球比赛规则的特殊性,要想赢得胜利却着实不易。英式橄榄球比赛规则明确提出:为了让球前进,球员可以持球向前带动,也可以传球给队友,但是传球时必须将球往后传。也就是说,球员可以传球给位置较佳的队友,以便继续攻击,但传球绝不能朝向敌队达阵线方向。传球只能横越球场或朝传球者自己的阵线方向行进。

传球在英式橄榄球比赛中踢球、扑搂、正集团(Scrum、Line-out)和乱集团(Ruck、Maul)等是发生次数最多的技术环节(见传球技术统计表2-1、2-2和2-3),它们是有组织地转移球和进行战术配合的最有效方式,是球员制造机会和把握机会的必要手段,是队友之间相互配合、彼此支援、保有球权的具体表现,是局部和整体的技战术实施、串联的纽带。

传球技术水平不仅代表了球员个体的技能水平,同时更是代表了队伍整体竞技水平,对队伍在比赛中获得胜利起着关键性的作用。

表2-1 传球技术统计(1)

2018年全国女子英式七人制橄榄球锦标赛(重庆)技术统计			
比赛时间:2018年5月27日			
总比分:江苏19:14 上海			
江苏女队		上海女队	
技术环节	发生次数	技术环节	发生次数
1.传球	48	1.传球	25
2.踢球	8	2.踢球	7
3.扑搂	15	3.扑搂	20
4.Ruck	18	4.Ruck	14
5.Scrum	1	5.Scrum	2
6.Line-out	0	6.Line-out	0

第二章　传接球技术

表 2-2　传球技术统计（2）

2018年世界七人制橄榄球系列赛（香港站）决赛技术统计			
比赛时间：2018 年 4 月 7 日			
总比分：斐济 50∶7 新西兰			
斐济男队		新西兰男队	
技术环节	发生次数	技术环节	发生次数
1.传球	35	1.传球	33
2.踢球	17	2.踢球	4
3.扑搂	14	3.扑搂	21
4.Ruck	4	4.Ruck	7
5.Scrum	2	5.Scrum	2
6.Line-out	2	6.Line-out	0

表 2-3　传球技术统计（3）

2018年女子七人制橄榄球世界杯赛（旧金山）技术统计			
比赛时间：2018 年 7 月 22 日			
总比分：美国 38∶7 中国			
美国女队		中国女队	
技术环节	发生次数	技术环节	发生次数
1.传球	34	1.传球	28
2.踢球	14	2.踢球	3
3.扑搂	12	3.扑搂	23
4.Ruck	16	4.Ruck	8
5.Scrum	1	5.Scrum	1
6.Line-out	3	6.Line-out	0

通过传球技术统计表 2-1 的数据可以看到：两队的分值相差不大，其他环节的发生次数也差不多，唯独传接球次数相差近一半，获胜队在控球方面具有明显的场上优势，这也充分说明了通过传球配合获得利益和场上保有控球权的重要性。而传球统计表 2-2、2-3 可以清楚地反映出：两场不同级别的比赛，获胜方的传球技术环节发生次数高于对方并不多，却又都大比分获胜，说明了获胜方球员传球的有效性高，且获胜队球员的个人身体动作技能比较强。

第三节　传球技术的形式

传球的主要表现以是否发生身体对抗为标准时有两种形式。

其一是无对抗传球,意指持球球员距离防守球员有一定距离,运用规范的技术动作传球的行为。无对抗传球质量的优劣主要取决于传球球员自身,如其心理和精神状态是否稳定,技术动作是否规范,对目前形式(防守球员和接球队友的位置)的判断是否准确,与接球队友的思想是否统一有默契,位置、速度、时机是否控制得当等。

英式七人制橄榄球比赛中,以准确、快速、适时的传球展开,充分利用边线到边线的横向空间,创造以多打少局部进攻的形式是各国橄榄球队普遍采用的进攻策略,其典型代表队伍是2018年在美国旧金山举办的男子七人制橄榄球"世界杯"比赛中夺得冠军的新西兰队。

其二是对抗传球,意指持球球员与防守球员发生身体接触,在尽可能保有球权和维持身体平衡的前提下,通过双手或单手以规范或不规范传球动作把球传出去的行为。

对抗传球发生于攻防双方身体发生直接接触直至持球球员倒地放球期间,其传球质量的优劣主要取决于敌方防守球员的防守能力和持球球员自身的控球能力、平衡能力和对抗经验。当持球球员与防守球员发生身体接触时,攻防双方都要先根据所处场地位置、彼此身位、体型大小、接触速度、对抗部位等来判断彼此的攻防目的,观察和预估其攻防行为。例如,防守球员是低身体姿势针对双腿还是高身体姿势针对控球,持球球员是抵御冲击适时传球还是推挡防御保有球权,两者都要快速做出相应的最佳决断。

持球球员在做对抗传球时,首要的观念和任务是要保护好自身安全和球权。在英式七人制橄榄球比赛中,运用对抗传球进攻的典型球队是2016年在巴西里约热内卢"奥运会"上获得男子七人制橄榄球项目冠军的斐济队。球员通过协调多变的身体动作,强悍的身体对抗和巧妙的传球配合持续开放式的比赛,过关斩将赢得胜利的同时使竞赛场面更加引人入胜、扣人心弦,更具观赏性。

英式橄榄球比赛中以传立球和旋转球为主,但是由于比赛环境的复杂多变性,在规范传立球和旋转球的基础上,又衍生出许多变换不同手法的多形式传球技术。例如,地上扫传球、鱼跃传球、挑传球、头上掷球、单手传球、反手传球、对抗传球、背后传球、胯下传球等。但万变不离其宗,只要合理、规范,扎扎实实地夯实了基础传球技术,融会贯通,其他形式的传球掌握起来也就信手拈来。

第四节　挑传球技术

一、挑传球的技术动作分析

（1）传球前,两脚与肩同宽平行站立（或前后开立）,双手持球于胸前并前伸双臂,使肘关节离开身体,双手手指自然分开并捧握橄榄球鼓肚处,使橄榄球的纵轴（缝合线方向）垂直于自己的身体,双手用力合拢处于胸前,掌心空出,双手手指（以食指为准）基本与橄榄球的缝合线平行,球距离身体20～30厘米（一球距离）。

（2）观察接球队友的位置,由于挑传球时球在空中的抛物线弧度较大,飞行缓慢,传球球员要依据比赛经验估测好传球的提前量,以球领人为最佳。

（3）传球时,持球球员身体转向接球队友,屈膝俯身保持稳定,两臂由屈臂状态向前、向下伸展（不要伸直胳膊,否则会导致传球动作生硬）至小腹部。手腕下沉使球的纵轴近似垂直于地面,小臂快速轻抬,带动手腕和手指向上挑动,手指拨球（两手外旋,手心向上）,将球挑传至接球队友的胸部高度。

（4）球在空中时保持纵轴（缝合线）垂直地面,给接球队友最好的视觉观察,有利于更好地接住球。

（5）整个挑传球过程要协调、柔顺,根据接球队友的位置,通过小臂、手腕和手指的用力程度和用力方向来决定挑传球的高度、距离和位置。

提示：挑传球在英式十五人制橄榄球和触式橄榄球比赛中用途广

泛,主要体现在传锋球员近距离地上传球和两名球员之间近距离的交叉、重叠传接球配合,以及接球球员快速插上接球突破防线的配合。

二、挑传球的练习方法

(一)两人原地挑传球

(1)两名球员相对自然站立,相距2米,利用一枚橄榄球,动作展示如图2-2所示。

(2)持球球员双手持球于胸前,朝向另一名球员上腿迈步并逐渐下蹲呈小弓箭步状(前膝关节90°,后膝关节90°),同时持球双手跟随身体的前移和下沉协调伸展,两臂由胸前屈臂状态向前、向下伸展(不要伸直胳膊,否则会导致传球动作生硬)至前腿膝关节前面,手腕下沉使球的纵轴近似垂直于地面,小臂快速轻抬,带动手腕和手指向上挑动,手指拨球(两手外旋,手心向上),将球挑传至另一名球员的胸部高度。

(3)另一名球员根据自己的观察、判断,把握好上腿迈步的时机,双手在空中接到球并顺势降低重心重复第一位球员的挑传球动作,依此循环练习。

提示:两名球员通过左、右腿协调交替的弓箭步挑传球反复练习,规范地掌握挑传球技术。

图2-2 两人原地挑传球

（二）多人原地"圆圈"挑传球

（1）多名球员（5～8人）彼此间距半米自然站立并围成一个圆圈，利用一枚橄榄球。持球球员双手持球于胸前，顺时针传递（或逆时针传递），练习形式如图2-3所示。

（2）练习开始，持球球员突然小碎步加速跑向圆心位置，在到达圆心位置时急停并采用小弓箭步姿势（或双腿平行下蹲的姿势）把球挑传至圆心位置的空中，然后立刻后退至自己的初始位置。顺时针（或逆时针）位置的第二名球员根据观察、判断，在第一名球员启动向圆心挑传球跑动时，稍稍延迟一点儿后立刻向圆心位置加速，在圆心位置接住空中的球并顺势再次把球挑传至圆心位置的空中，然后快速退回初始位置。接下来的其他球员依此循环，按顺序挑传球，让球始终保持在圆心位置起落，不掉球。

提示：球员在等待循环次序挑传球的时候要保持原地小步跑（或小高抬腿跑），注意启动时机和挑传球的质量。为了更加快速连贯和增加难度，可以要求球员挑传球时，不断降低球在空中的高度，直至膝关节位置。

图2-3 多人原地"圆圈"挑传球

(三)捡地上球挑传球

(1)在 3 米 ×20 米的场地区域内,固定一名捡地上球进行挑传球的传锋球员,利用多枚橄榄球进行练习(根据球员人数,一人一球)。把多枚橄榄球排列成一条直线,球与球有 1 米间距,练习形式如图 2-4 所示。

(2)传锋球员背对着接球球员站立于起始端。接球的球员成两路纵队分别位于传锋球员的左右,间隔 1 ~ 2 米距离。

(3)练习时,传锋球员听到加速跑而来的接球球员的口令、喊声后,进行相应的小弓箭步捡球并低姿挑传球,依据左右快速而来的接球球员,传锋球员要快速逐一捡传地上球。

(4)传锋球员要根据左右接球球员的位置决定左右腿的前后和身体朝向,左侧传球右腿前,右侧传球左腿前。

提示:注意捡球后的快速观察和对球的把控,针对高速下的接球球员位置,经验地控制好传球提前量和空中球的高度。

图 2-4 捡地上球挑传球

第二章 传接球技术

(四)迎面跑动挑传球

(1)在4米×10米的场地区域内,分成两队,每队5~8名球员成纵队排列,两队相对站立且左右错开1~2米,利用一枚橄榄球,练习形式如图2-5所示。

(2)练习时,第一名持球球员率先向前直线跑动,待跑至两队中间位置时把球挑传至另一队相对的直线位置上,另一队的第一名球员稍稍晚于持球人跑动(几乎同时启动),在中间位置接住空中的球,并顺势再把球挑传至另一队相对的直线位置上,另一队的第二名球员重复前面的动作,依次循环。

(3)迎面一队跑动练习时,可以设计、实施许多个人技术练习,例如熟悉球性的颈部绕环、腰部绕环、膝部绕环、由前向后的胯下绕环、由后向前的胯下绕环、双手胸前颠球、双手头上颠球、背后接抛球、手腕翻转球等;可以练习挑传球、假传球、背后传球、捡地上球、单手或双手触地达阵、高抛球、巧踢球、空中接拍球等;可以做撞击、手推、各种一对一攻防形式的变向动作、踢地滚球、踢高球、空中接球等;两队错开合适的间距,可以练习传立球、传旋转球等。

提示:要求球员在高速下完成挑传球技术动作,注重传球质量,不允许向前传球,特别是对于传球提前量的把握,要做到"球领人",把握好跑动时的快慢节奏变化和传球时的身体重心的变化。

图2-5 迎面跑动挑传球

(五)"矩形交叉"挑传球

(1)在10米×10米的矩形场地区域内,两列纵队平行站立。彼此间距5~8米。两名球员分别位于A点和B点的起始位置,远端是A

对应的 C 点和 B 对应的 D 点,利用一枚橄榄球,练习形式如图 2-6 图所示。

（2）练习时,A 点持球球员率先从起始位置向斜对角（A 点至 C 点）跑动,B 点球员稍迟缓也快速向斜对角（B 点至 D 点）跑动。

（3）持球球员在加速跑至 A 点与 C 点中间位置时,向着 B 点方向侧转身并把球挑传至空中,然后继续跑向 C 点并停留在原地。

（4）B 点的球员恰好在向 C 点跑动的过程中接住空中的球,持球跑至 D 点并停留。

（5）两名球员在远端停留点彼此转身,并依据刚刚结束的交叉挑传球配合再次跑动配合,返回各自的起始位置并把球交给下一组球员,依此进行循环练习。

提示：练习过程中,球员间要通过眼睛、语言进行沟通交流,在跑动过程中注重建立、提高调节自身快慢速度、把握时机的意识。等待接力的球员也要把握好启动时机,做好相对跑动挑传球的衔接,一种练习形式,双重练习效果。

图 2-6 "矩形交叉"挑传球

（六）两列纵队连续交叉挑传球

（1）在 8 米×8 米的矩形场地区域内,用标志碟标示出近端 A 点、B 点和远端 C 点、D 点,把球员分成两路纵队分别排列在 A 点和 B 点,间距 5～8 米,练习形式如图 2-7 所示。

（2）练习开始,A 点持球球员率先启动跑向对角线位置的 D 点并在 AD 之间位置朝向 B 点位置侧转身挑传球,把球挑传给 B 点稍晚启动加速的接球球员,然后顺势返回到 B 点的队尾。

（3）B 点球员接到球后立刻向 A 点方向侧转身挑传球给 A 点把握时机启动加速的接球球员,依此进行循环练习。

提示:远端的 C 点和 D 点主要起到使球员把持好跑动方向和路线的作用;球员注意力集中,加速时机把握得当,传球准确到位,接传困难球时能够经验地快速调整,练习才能顺畅、快速、高效。

图 2-7　形式如两列纵队连续交叉挑传球

（七）"矩形中间"挑传球

（1）在 10 米×10 米的矩形场地区域内,四支队伍分别位于四个角落呈纵队站立,对角线的队伍彼此对齐,各队间距 5～8 米,利用一枚橄榄球,练习形式如图 2-8 所示。

（2）练习时,持球球员跑至矩形中间向右侧转身并挑传球至空中,右侧队伍的第一人立刻加速至中间接球并再次向自己的右侧挑传球,依此进行循环练习。

（3）可向右侧传球循环,也可以向左侧传球循环。

提示:通过把握时机的中间挑传球练习,提高球员的传球技术能力和默契配合能力。球员清晰的头脑,经验的启动时机和瞬间的传球调整,尤为重要。

图 2-8 "矩形中间"挑传球

（八）三人连续交叉挑传球

（1）在20米×70米的场地区域内，三名球员呈横排站立，间距4～5米，中间球员双手持球，选位形式如图2-9所示。

（2）练习时，中间球员持球向左侧45°方向跑动，与左侧球员进行交叉跑动配合，在交叉重合位置时进行第一次挑传球配合。

（3）左侧球员接到球后继续朝向45°方向跑动，与右侧的球员进行第二次挑传球配合。

（4）右侧球员接到球后继续斜向45°跑动，与处于左侧的第一名球员进行第三次挑传球配合，依此进行循环练习。

提示：持球球员传完球后会与接球球员互换位置，要保持好三名球员的间距和各自的有效纵深位置。通过经验的观察、判断和选位，把握好跑动中的快慢节奏，默契、流畅地进行跑动配合。

（九）四人两边交叉挑传球

（1）在20米×70米的场地区域内，四名球员呈横排站立，间距4～6米，中间两名球员中其中一人持球，选位形式如图2-10所示。

（2）跑动练习时，左侧和右侧位置的两名球员进行交叉配合挑传球,中间位置的两名球员采用传立球(或旋转球)的形式,不进行交叉配合。即1和2交叉挑传球,2和3进行向前直跑平传球,3和4进行交叉挑传球。依此进行循环练习。

提示:中间两名球员要快速传接球,即第一名中间球员接到交叉挑传给的球后要快速把球传给另一名从纵深位置加速而来的中间球员,接到球的中间球员要加速向前带动,然后再跟外侧的球员做交叉挑传球配合,中间两名球员的选位和带动尤为重要。

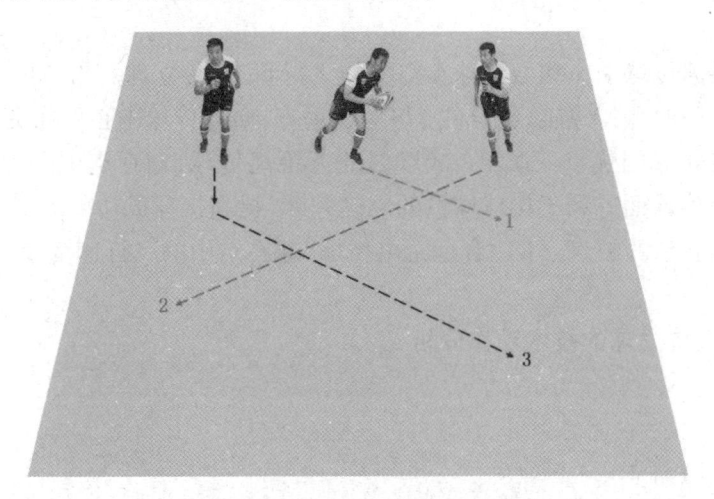

图2-9 三人连续交叉挑传球

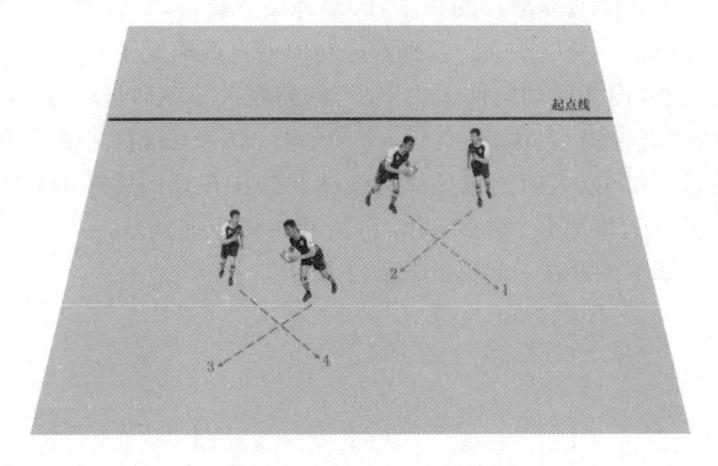

图2-10 四人两边交叉挑传球

第五节　传立球技术

一、传立球的定义

根据传球动作和橄榄球在空中的飞行状态,传立球意指传出的橄榄球在空中时保持纵轴(缝合线)与地面垂直,向着传球靶心平稳飞行。

传立球的优点:适合 8 米以内的近距离传球,球在空中平稳飞行,最大观察球面有利于接球球员的准确判断,提高接球成功率。

传立球的缺点:不适合远距离传球,球在空中的飞行速度慢。

二、传立球的技术动作分析

(一)站姿

作为英式橄榄球运动的初学者,原地站立传球时,彼此必须侧身平行站立,或正、反身位站立。双脚开立与肩同宽或略宽于肩,相对于接球队友的位置,内侧腿稍向前迈出半步,保持髋关节朝向进攻方向。橄榄球的纵轴(缝合线)与手指(食指)方向平行,双手五指自然张开,捧握橄榄球的鼓肚部分,大拇指包裹住橄榄球并按压在球的后端 1/3 处,手指自然张开并适度紧张,掌心空出,手指和指根把握住球,双手的小指在球的底部基本接触在一起,如图 2-11 所示。

第二章　传接球技术

图 2-11　站姿

(二)定位

传球之前首先要持球定位,双手把球定位于肚脐前方约 20～30 厘米处(大致一球距离),手腕下沉,使球的纵轴(缝合线)基本垂直于地面。屈膝俯身,转头观察接球人,身体(双肩)向内侧转动 45°（两人站位基本平齐时),内侧肩膀稍降低,眼睛盯住接球球员抬起的双手,小臂向内侧微转,双手拇指指向接球球员。身体和球体转动时,橄榄球的定位位置保持不动。如图 2-12 所示。

图 2-12　定位

（三）传球

传球时要蹬转发力传球。向传球靶心（接球球员的外侧手掌）推传球至远端的过程中，小臂短距离挥摆，同时手腕、手指直推（也可适当外旋），凭借手指的弹性爆发力拨球，把球推传给接球球员。拨球瞬间，要感知和调整自己的用力和手指触感，使球在飞行过程中保持纵轴（缝合线）垂直于地面平稳飞行。传球结束后，球员的胸口要朝向接球球员，双手自然伸展指向接球球员并把手指充分展开，双手不高于肩部。如图2-13 所示。

图 2-13 传球

（四）传立球注意事项

持球和传球时双臂不要夹紧，身体或胳膊肘不要故意抬起上翻。应该先转头观察传球靶心，俯身屈膝，核心区稳定，由下至上蹬转发力，避免单纯的摆臂传球。传球动作结束后，手臂、手指自然伸展，双手不要屈指或握拳或高过肩部，双手指向传球靶心。传球的连贯动作展示如图 2-14 所示。

提示：由于英式橄榄球比赛中不允许向前（进攻方向）传球，所以传球时身体转动的角度要依据接球球员的位置随时调整，接球球员选位较浅时，转体角度较小；接球球员选位较深时，转体角度较大。

第二章 传接球技术

图 2-14 传立球注意事项

三、传立球技术的练习方法

（一）原地"圆圈"传接球

5～8名球员一组，一枚橄榄球，彼此直臂拉手呈一圈站立，双脚与肩同宽或略宽于肩，站位形式如图2-15所示。

（1）首先进行顺时针（或逆时针）"手递手"双手传递球练习，要求远端双手持握球，胳膊和身体自然、协调地进行转体递送。

（2）教练员讲解传立球的规则和动作要求后（向后传球的项目特征），要求所有球员后转身，进行"手递手"传递球；然后每人向前一步，最短传球。

（3）每人向前两步，短传球；每人向前三步，中等距离传接球。

（4）根据球员的传接球能力，可适当增加2～3枚橄榄球，同时进行传递练习，以增加球员的传球次数。切忌贪图速成，要求球员必须采用规范的传立球技术动作进行练习，体会每一次的传球感受。

提示：对于掌握或理解技术动作较慢的队员，可以用形象的比喻提示他们，传立球的基础动作近似"端盆泼水"和"大象甩鼻子"。

图 2-15　原地"圆圈"传接球

(二)原地"直线"传接球

6~10名球员一组一球,根据球员数量可分组同时进行练习(或比赛)。每组球员成横排站立,彼此间隔两臂(彼此侧平举胳膊,指尖碰指尖)距离,排头球员双手持球。练习形式如图 2-16 所示。

首先,进行快速的双手"手递手"往返传递,使球员理解和体会在传递过程中胳膊和身体的协调转动及朝向,找到传递球时最快、最短的路线。其次,依据球员掌握传递球的能力,彼此横向间距在之前的基础上逐渐增大至2米、3米、5米或更远,加强球员对传球技术动作的理解和传递时对橄榄球的力度、准确度的把控。最后,在传递过程中,提升球员的综合能力,例如,球员接到球后腰部绕环2周后再传球、膝部绕环后再传球、胯下绕环后再传球、击掌接球后再传球、接球触地达阵后再传球、接球后把球抛起拍手1~3次后接球再传球、接球后把球抛起双手触摸地面后接球再传球、接球后把球抛起原地旋转360°后接球再传球等,然后再快速传递给下一名球员。

通过接球后的动作变化再传球,促进球员熟悉球性同时理解和体会接球后身体姿态的正确变化带给传球的实际效果。

第二章 传接球技术

提示：通过组与组之间的竞赛，增加该练习形式的竞争性、趣味性，提高球员的传接球能力和合作能力。

图 2-16 原地"直线"传接球

（三）两人配合传接球

8～20 名球员，利用标志碟标识出 4～5 组一一对应的站位位置，分组进行传接球竞速比赛。每组的两名球员互为搭档，使用一枚橄榄球，以统一的一条直线为起点，两条平行相对的直线上各摆放 4～5 个标志碟，直线上标志碟的间距均为 4～6 米。练习形式如图 2-17 所示。

比赛开始，两人同时快速跑至第一个标志碟处，身体朝向进攻方向，要求双腿前后开立呈小弓箭步状，并且相对于队友的内侧腿在前（目的是保证髋关节朝向前进的方向），彼此相互传接球 3 次并大声喊出传球次数："1！2！3！"然后再快速跑至第二个标志碟处传接球 3 次，依此类推。返回过程中同样需要传接球，到达起点时把球交给下一组接力的队友，率先完成的组获胜。

提示：可以通过减少在对应点上的传球次数，例如在标志碟处传递 2 次，最后传递 1 次时，标志碟处可以不停留，实施行进间传接球，近似比赛中的传接球形式，以提高球员在紧迫压力下的传接球能力。要求球员降低身体重心，加速、急停控制好身体平衡，在传球有准度、有力度的前提下赢得比赛。

图 2-17　两人配合传接球

（四）四角传接球

利用标志碟标识出 4×4 米的矩形框，把球员分成四列纵队，每队占据一个角落，对角线的队伍两两直线对齐。练习形式如图 2-18 所示。

练习形式一，先用一枚橄榄球，球员顺时针（或逆时针）传球后立刻跟进到接球队伍的队尾，接球队伍的第一名球员接到球后快速传递给下一个队伍的第一名球员并跑至其队尾，依此循环。

练习形式二，待熟练掌握传接球练习形式一之后，再增加一枚橄榄球，在对角位置同时开始传递，可以增加接球后触地再传球、腰部绕环（1~2 圈）后再传球、击掌拍手（1~2 次）后再传球等形式，提高球员的执行力和球感，增加彼此传递追逐的紧迫感。

练习形式三，增加难度的练习是球员进行"原地接球—传球—跟进—行进间接球—行进间传球"，球员最后跟进至对角线队伍的队尾，称为跟进式传球。具体练习配合如下：A 点持球球员原地传球给 B 点接

第二章　传接球技术

球球员的同时跑向 B 点球员的身前大概 2～3 米的地方；B 点球员接到球后立刻再传递给位于 B 点身前要球的从 A 点而来的球员；从 A 点而来的球员在行进间接到球后，顺势跑动并把球传递给 C 点的接球球员，然后快速由 C 点队伍的右手侧跟进至 C 点队尾，等待下一次循环；C 点的球员接到球后立刻再传递给由 B 点跑至身前 2～3 米处的球员；B 点而来的球员行进间接到球后顺势把球传递给 D 点的接球球员，然后快速由 D 点队伍的右手侧跟进至 D 点队尾，等待下一次循环。依此循环练习。

提示：四角传接球是提高传球基本技术和赛前热身非常好的练习形式，传立球或旋转球均可。根据场地大小可以灵活调整。大场地远距离，提高球员的传球准度和力度，以及快速跑动跟进支援的意识；小场地近距离，提高球员的传球频度和注意力。在练习过程中，要求球员的口令提示贯穿始终，提高队伍的士气。

图 2-18　四角传接球

（五）前后排加速赶超传接球

使用一枚橄榄球，6～10 名球员分成人数均等的两队，两队彼此前后站立，后排每位球员的站位要选择前排两名球员之间的空当，前后排相距 2～3 米。练习形式如图 2-19 所示。

练习开始，两排球员同时启动跑，前排球员先完成平面传接球，最后一名前排球员拿到球时要向内侧空挡快速插上的后排球员传球，后排球员拿到球后要加速超越前排球员的排面,然后进行后排球员的平面传球,依此循环。

提示:通过交替加速接球传递,提高球员加速接球、减速选位的观念意识和全队在高速下快速传接球的能力。

图 2-19　前后排加速赶超传接球

(六)"扇形配合"传接球

使用 5 个标志碟,1 个标志圈,以直径 10 米(或 10 米以上)假想线的中点为起始点,把 5 枚橄榄球集中在中心点位置的标志圈(或放在地上)里。其余各位置点分别设置在 0°、45°、90°、135°、180° 的位置,距离终点 5 米(传接球距离可根据场地大小和球员的实际情况而定)。组织球员成一列纵队站在起始线后。练习形式如图 2-20 所示。

练习开始,队伍的前两名球员同时启动,第一名球员快速跑至右侧第一个标志碟处准备接球,第二名球员快速跟进至标志圈处准备传球。远端的接球球员接到标志圈内队友传球后按压在地上,随后跑向第二个标志碟准备接球,依此类推完成五次接、放球动作后跑至队尾。

第二名队员重复第一名球员跑动路线,依次跑向五个标志碟捡球并传球给标志圈内的第三名球员,第三名球员将球按压在标志圈内,待五枚橄榄球全部放回标志圈内后,跑至标志碟位置准备接球和放球,依此循环练习。

可以把球员分成人数均等的两组进行比赛,率先完成的队伍获胜。

第二章　传接球技术

提示：练习过程中，要求球员快速调整传球和接球的正确身位、体姿；传球有准度、力度；观察、判断、放球要快速、规范；口令提示要清晰。

图 2-20　"扇形配合"传接球

（七）"真假二耍一"传接球

8名球员以上，使用4个标志碟，设置宽3～4米，长4～5米的矩形区域，把球员分成迎面两两相对站立的四队，矩形区域中间站一名防守人，利用一枚橄榄球进行类似"二打一"形式的传接球练习。练习场地的大小依据教练员的训练意图自行设置，小场地旨在灵活多变，大场地则重在提高球员处于速度和压力下的快速意识，形式如图2-21所示。

教练员鸣笛后，防守球员立刻进行防守，可以把持球进攻的球员搂抱住、封阻球的传递，亦可以把球拦截、抢断或拍掉，均视为防守成功，被防守住的球员替换防守球员。持球球员在进行二打一形式的进攻时，可以跟同侧的队友真假传递配合进行突破，也可以跟对侧的相对球员真假传递配合进行突破。依此循环练习。

提示：持球球员在练习中可以前传球，既可以规范地传球给侧面接应的球员，也可以前传球给对面的球员，亦可以假传球动作欺骗防守员，自己突破，以提高球员主动制造机会和快速判断、选择配合的"会打"能力。

图 2-21 "真假二耍一"传接球

（八）三面跑动接力传接球

使用16枚标志碟标识出一个矩形区域,每一排标志碟间距为3米,间距可以根据教练员的练习意图进行调整。12名球员平均分成三队,每队4名球员,形成三个平面横排并在固定的标志碟位置站位。中间队伍的右侧（或左侧）第一名球员持球。练习形式如图2-22所示。

练习开始,中间队伍向前跑动并依次传球（传立球或旋转球均可,按照教练员的要求执行）,待最后一名球员接到球时,刚好跑至左侧站立的横排队伍的最左侧（或右侧站立横排队伍的最右侧）队员的身前,两队进行传球接力。中间队伍的最后一名持球球员把球传递给侧面站立的队伍后,中间队伍的所有球员到达对面的固定位置（标志碟）站立等候。

侧面的队伍接到球后向对面的队伍跑动并依次传递球,到达对面后把球传递给对面队伍的最后一名球员,进行两队接力,接到球的队伍向前跑动并依次传递球。当跑动传递球的队伍到达对面位置后,再把球传递给中间队伍的第一名球员,进行两队接力。中间队伍再次接到球向对

第二章 传接球技术

面跑动并依次传递,达到对面位置后再进行传球接力。依此循环练习。

提示:在原有固定标志碟的基础上,可以在外围再摆设同样的区域,在教练员的调度下,进行变化下的快速选位和远距离传接球,提高球员的快速适应性和传接球能力。

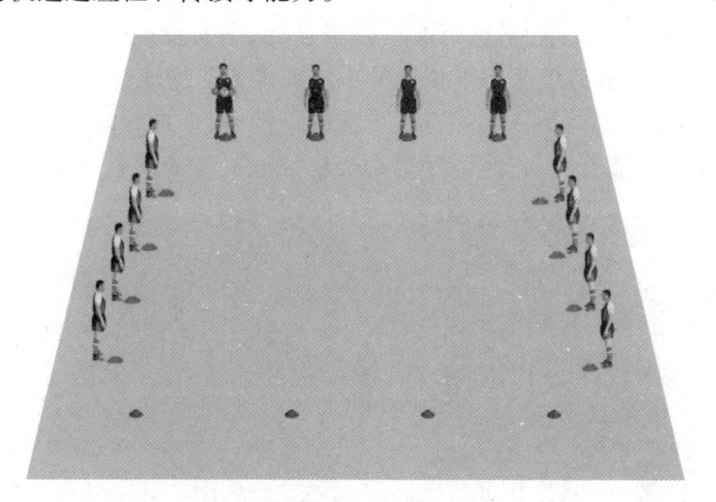

图 2-22 三面跑动接力传接球

(九)横排纵深跑动传接球

练习传接球的最基本形式,强调持球球员向后传球、接球球员加速接球的观念意识。

英式十五人制橄榄球队伍(或七人制橄榄球队伍)一组一球呈横排站立,彼此横向间距 3 米(或以上),纵向间距 2 米(或以上),跑动中进行往返传接球。练习形式如图 2-23 所示。

检验队伍整体传接球能力的第一个要素就是速度下的传接球方式。可以采用前锋球员传完球后跟进支援,前锋和后锋在跑动跟进、支援过程中互换场上区域位置的方式进行练习。

采用不同形式的传球动作,例如蒯传球,行进中手像勺子蒯粥一样,接球瞬间不调整、不持球,随即将球传出的动作。又比如一步抓传球,行进中要求接球和传球一个动作,即连抓接带传球,一步完成。并要求接球早伸手,"远端定位"传(远端主动抓球发力)。可以通过改变跑动速度来提高传球难度,最后争取能够在全速跑中将球准确传出。

"烫手"传球,橄榄球似"烫手的山芋",要求球员接球就传,双手似"捧""蹦"的动作,传球动作是否规范不重要,重要的是快速解压、准确到位。

提示:待掌握正确的技术动作后,要不断增加练习的难度,用比赛的意识、比赛的压力(紧急情况)、战术变化、节奏变化、动作变化、出手的速度(力度)和远度来要求传球的手法和能力。传球有远度才能有"准度",有了远度说明手指手腕有了更强的掌控力,手指对球有了更精细把控的感觉,才能将中、近距离球传得轻松、准确,才能随心所欲。

图 2-23 横排纵深跑动传接球

第六节 传旋转球技术

一、传旋转球的定义

传旋转球,顾名思义,就是传出的橄榄球以球的长轴中间线为转轴,如旋转的子弹般平稳快速向前飞行。速度和准确度的组合是传球时最重要的,然后就是传球的距离。毫无疑问,旋转球不仅具有速度和准确性,而且还能拥有最远的距离。

旋转球的优点:适合远距离(8米以上)传球,传球速度快、距离远、飞行平稳。

旋转球的缺点：球的观察面小，速度快，力度大，易造成一定的接球难度，不适合近距离传接球。当然，有经验的球员可以通过直击幅度、速度和手腕、手指的细腻变化来调控传球的力度和旋转度。

对于传旋转球的技术要求，英式七人制橄榄球项目不同于十五人制橄榄球项目。从事英式十五人制橄榄球项目的队伍可以适当放宽对前锋球员的传球技术要求，而七人制橄榄球项目的队伍则是要求每位球员都必须要掌握各种传球（例如跑动传、变化传、地上传、前扑传、鱼跃传、背后传、单手传等，包括抄球、拍传、抗传等）的手法且要精湛，对前锋队员的要求也是如此。各项传接球技能的掌握需要花费大量的时间和精力，要规范、变化地练习才能事半功倍。传好立球和旋转球是基础，熟能生巧，其他形式的传球也就触类旁通、顺理成章地掌握了。日后练习时要结合比赛中的实际情况，逐渐增加传接球难度，提高竞技能力。技术练习要一丝不苟、千锤百炼，做到接传"干净"，定位发力，柔巧、快速、准确、敏捷。只有掌握了全面的传接球技术，才能在比赛中波澜不惊、游刃有余，面对压力从容应对。

二、传旋转球的技术动作分析

（一）挥摆式传旋转球的技术动作分析

挥摆式传旋转球的技术动作如图 2-24 所示。

1. 双手持球

自然站立，双手持球于胸前平伸，使橄榄球的纵轴垂直于地面，双手手指垂直（以中指垂直于橄榄球的缝合线为标准）于橄榄球的纵轴。双手手心相对，上下错开并分别握住橄榄球纵轴上部和下部的各 1/2 部分。相对于侧面的接球人而言，传球人的导向手在前，发力手在后。发力手在球的下方且按压在球侧面的下 1/2 部位，导向手在球的上方且按压住球侧面的上 1/2 部位。手指自然分开并适度紧张，掌心空出，用手指和指根控制球。初学者双手不要分开太多。

2. 俯身定位

双脚与肩同宽或略宽于肩,采取稳定、舒服的站姿。假设是传球给左边的队友。传球前,使球的纵轴向左倾斜45°角(World Rugby 提出倾斜角度与水平线呈30°角),上面的球尖朝向传球目标。发力手(右手)在后且按压在球上面的后 1/2 部分;导向手在前且托举住球下面的前 1/2 部分,导向手部位的球尖要对准传球的目标靶心(接球人胸前抬起准备接球双手)。双臂肘窝呈110°角,肘部在身体前侧。俯身前倾使身体与地面呈75°角,屈膝下蹲使膝关节呈150°角,身体重心降低保持稳定,把球定位于肚脐正前方,球的纵轴与身体保持一球间距,大致 28~30 厘米。或稍远距离,以双臂可以协调发力为宜。

3. 直击鞭打

转头观察接球人并锁定传球靶心。左肩略沉使其低于发力手的右肩,与水平面呈15°角。双手持球定位位置和肘窝角度不变,跟随左肩下沉右肩上扬的发力趋势自然倾斜,发力手肘部高于导向手肘部,与水平面呈15°角。身体核心区稳定,双脚蹬转发力,注意力由下而上动力链传导,似链球般把橄榄球挥摆传出,最后手腕、手指鞭打发力,增加球的力度和转速。

4. 指向绷紧

传球之后,双臂双手指向传球靶心并自然伸展,手指张开,不要屈指或握拳或高过肩部,双手掌心略相对并指向传球靶心。传球同时或结束瞬间身体和双臂保持片刻紧绷状态,做好自我保护,以抵御防守方的冲击。传球以后,双臂双手指向传球靶心并自然伸展,初学者可以双手合十。

第二章　传接球技术

图 2-24　挥摆式传旋转球

(二)鞭打式传旋转球的技术动作分析

持球动作同挥摆式传旋转球一样,如图 2-25 所示。在传球定位、发力传球时,发力手的胳膊肘适当上翻前撑以带动小臂发力,小臂再带动手腕、手指鞭打发力传球。手似拳击挥拳般爆发力直击传球,传球短促有力,不容易控制力度,易造成近距离接球失误。

图 2-25　鞭打式传旋转球

(三)"点"发力传旋转球的技术动作分析

持球动作同挥摆式传旋转球一样,如图 2-26 所示。在传球定位、发力传球时,发力手外旋,通过手腕的快速回位并向传球方向拨动手指,小臂向传球靶心方向短距离、快速推动,主要依靠小臂拧转和手腕、手指的短促爆发力回位传球。传球时身体与胳膊摆幅极小,动作隐蔽并可以很好地控制球的转速和距离。适合较近距离(8 米以内)的传递配合,也是球员传球瞬间自我保护的最佳形式。

英式橄榄球运动个人技术解析和专项技能练习方法

图 2-26　"点"发力传旋转球

持球和传球时的双臂不要夹紧身体或胳膊肘故意抬起上翻,手腕保持平直,转头观察传球靶心(接球队员的外侧手掌),俯身屈膝,身体核心区稳定,由下至上蹬转发力,避免单纯摆臂传球。传球结束后,双臂平直自然伸展,手指张开(初学者可双手合十),避免传球时出现长短手、剪刀手、敬礼手等不合理动作,埋下易传球失误和身体受伤的隐患。

三、不合理的传球技术动作分析

(一)前传

英式橄榄球运动项目区别于其他集体球类项目的最显著特征是球不能前传,前传球如图 2-27 所示,即传出的球不能朝向对方得分区,如果发生向前传球违例,则球权转换,由防守方获得球权。这就要求我们在平时训练过程中要养成转身向后传球的良好习惯。

通过观察很多队伍、很多球员平时的传立球和旋转球练习,发现他们并没有留意到这些错误观念和细节,而是怎样舒服怎样传球。例如,两名或几名球员来到运动场,很随意地面对面或围成一圈传球,这样边传球边聊天等候教练员的现象在各运动队司空见惯,大家认为是在练习,其实效果恰恰相反。

英式橄榄球运动项目对传球的首要要求就是不能前传,而面对面或稍侧身或围成圈的站立形式,对于持球者的朝向都处于前传的位置,这样的传球不规范。久而久之,球员传球时球的定位位置和技术动作就会发生根本性的变化,变化为发力手在同侧大腿上方并贴近身体的部位,而不再是肚脐前一球距离;传球时的发力顺序和挥摆轨迹也会因为

第二章 传接球技术

腰部没有拧转而变化为上下垂直面的传球,而非水平面,传球失误率增加,脱离了比赛的实际情况。所以说,随便传球不如不传球。

图 2-27 前传球

(二)长短手

如图 2-28 所示,长短手意指传旋转球结束后,传球球员的双手(或双臂)一长一短,主要表现形式是导向手长,发力手短。造成长短手不合理动作的主要原因是传球人没有转腰转肩传球。另一种情况是发力手长,导向手屈收回肋部,主要原因是发力手单手发力造成的。长短手传球容易造成传球不准确及传球力度不足的后果。

图 2-28 长短手

(三)剪刀手

如图 2-29 所示,剪刀手意指传旋转球结束后,传球球员的双手(或双臂)在胸前交叉呈剪刀状,主要表现形式是导向手在下,发力手在上,双臂交叉。造成剪刀手不合理动作的主要原因是传球人的双手双臂没有协调统一均衡发力,而是重点突出发力手,类似单手传球。剪刀手传球容易造成传球不准确和暴露身体危险部位(肋骨)。

图 2-29 剪刀手

(四)敬礼手

如图 2-30 所示,敬礼手意指传旋转球结束后,传球球员的双手(或双臂)上下分开呈桅杆状,又似少先队员的敬礼样。主要表现形式是导向手平伸,发力手上扬至头上位置。造成敬礼手不合理动作的主要原因是球员为了使球旋转而大力向上甩手臂。传球时,应该以身体为轴,转腰转肩传球,双手持球于肚脐前一球距离,旋转身体挥臂传球的轨迹是水平位置,而不是以肩为轴,双手持球较低,由下而上垂直方向提拉传球。敬礼手传球容易造成传球过高或过低的情况,高高上扬的胳膊使肋部完全暴露,身体发生冲撞时更容易导致肋部受伤。

图 2-30 敬礼手

第二章 传接球技术

（五）惯性手

如图 2-31 所示，惯性手意指传旋转球结束后，传球球员的双手（或双臂）过多地跟随传球挥摆，使双手处于身体侧后方。球是双手的延伸，双手应该指向传球的方向，双臂跟身体应该是圆轴和切线的关系。惯性手传球容易造成身体过度旋转，传球不准确、不协调，身体放松和暴露过多身体危险部位。

图 2-31　惯性手

综上所述，英式橄榄球运动传球技术动作中容易出现的不合理动作较多。纵观当今世界上橄榄球各国家传球特点和各国教练员执教过程，对于初学者来讲，传球的指导理念和方式方法因人而异，没有统一的标准，但作为风靡全球的高水平竞技体育运动项目，还是应该结合人体动力学原理和项目特征、规律具有一定的科学性、合理性、规范性，从而降低传球失误率，提高比赛能力，使比赛更加流畅且具有观赏性。

四、旋转球练习方法

（一）原地两人传接球

两名球员搭档一组一球，彼此侧身背对并前后错开身位 2 米，左右间距 8 米，练习形式如图 2-32 所示。

球员内侧腿稍在前,保持髋关节朝向前方,转头、转腰、俯身、定位、发力传球。橄榄球传至接球球员的胸前位置,以接球球员扬起的双手(外侧手掌为传球靶心)位置为准。

提示:两名球员进行多次重复练习,在技术动作规范、传球准确到位的前提下,球员间距逐渐加大以增加传球力度,更好地体会发力和控制,以更好地巩固技术动作。

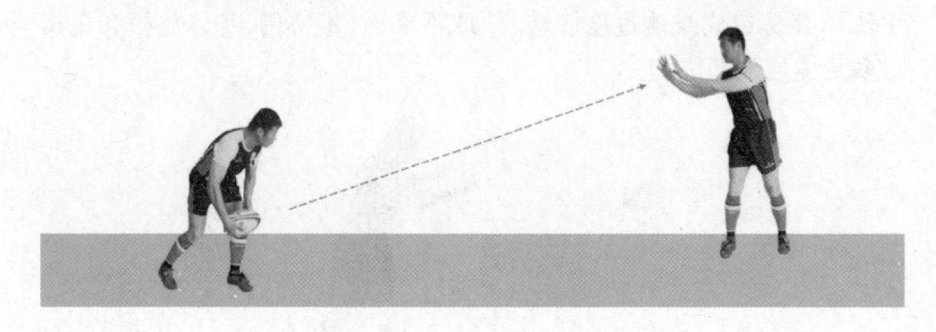

图 2-32 原地两人传球

（二）四角"十"字传接球

利用标志碟标示出一个矩形区域,标志碟彼此相距 6 米(或以上),12～16 名球员分成人数均等的四队,每队 3～4 名球员位于各个角落,对角线的队伍对齐呈纵队站立,使用一枚橄榄球,练习形式如图 2-33 所示。

持球球员跑到中间锥形桶,绕过的瞬间传球给顺时针(或逆时针)排列的下一队球员并快速跟随至其队尾。第二队的第一名球员接到球后快速跑到中间锥形桶,在绕过锥形桶的同时把球传给第三队球员并跟随至其队尾,依此循环。

提示:可以在对角线位置多加一个球,两名球员用两枚橄榄球同时传递,单位时间内增加球员跑动传球次数,以促进传接球水平的提高。要求球员急停转弯时要降低重心,控制好身体平衡,传球动作轻巧、协调、准确,接球球员要有清晰的口令提示。

图 2-33 四角"十"字传接球

（三）三至四人平行传接球

四名球员一组一球，保持好彼此间距（3～10米）和纵深（按照教练员的训练意图，可以深选位，亦可以浅选位），行进间传接球，练习形式如图 2-34 所示。

英式橄榄球比赛中，所有球员必须要掌握最基本、最常规、最常见的递阶式传球进攻形式。

提示：通过不同跑动速度来检验传球的准确性，要掌控好速度跑的快慢节奏和加速时机，另外还要保持好彼此间的横向距离和纵深，口令提示贯穿始终。通过加大球员之间的间距，以提高其传球的掌控能力。为了满足七人制橄榄球比赛中的传球需求，球员的传球距离通常要在25米以上。在高速、中等距离（15米左右）的练习中，提高球员"一步"快速、准确的接传球能力。

图 2-34　三至四人平行传接球

（四）三人"8"字绕跑传球

三名球员一组一球，起始时，持球球员与其中一名队友呈纵队前后站立，第三名队友与持球球员相距 3 米（或以上）且处于 1～2 米的纵深位置，练习形式如图 2-35 所示。

持球球员直跑向前带动，把球传给第三名队友并顺势跟进至其身后位置，第三名球员接到球后直跑向前带动，把球传给第二名队友并顺势跟进至其身后位置，依此循环。

近距离（3 米以内）传接球时要突出一个"快"字，要求球员接球立刻传球，没有（或不允许）调整球的时间。

待球员掌握近距离传接球后，逐渐增加传球距离和跑动速度，以增加传接球的难度。

提示：通过此练习，可以提高球员运用小臂、手腕、手指发力的小摆幅传旋转球能力，即"点发力"传球能力。从传球球员背后观察，应该看不到球员传球的双手，也称为"不露手"传球。

第二章　传接球技术

图 2-35　三人"8"字绕跑传球

（五）四人"隔人传球"

四名球员一组一球，调整好纵深，保持好彼此间距，行进间传接球，站位形式如图 2-36 所示。

第一种形式：1 传给 3，3 传给 4，4 传给 2，2 传给 1，依此循环。

第二种形式：1 传给 3，3 传给 2，2 传给 4，4 传给 2，2 传给 3，3 传给 1，依此循环。

在传接球配合过程中，要注意无球球员的经验选位，何时浅选位？何时深选位？何时加速接球？要非常清楚，通过经验的快慢节奏跑调整合适的位置。随着球员传接球能力的提高，逐渐增加跑动速度和加大彼此间的间距，以增加传接球难度。

提示：强调无球球员要头脑清醒，经验纵深选位，把握加速时机；传球球员要传球准确，力度适宜；所有参与球员在跑动中的快慢节奏要体现明显，保持合理队形，口令提示贯穿始终。

图 2-36　四人"隔人传球"

（六）四人"重叠传球"

四名球员一组一球，经验选择合适的位置，始终保持好彼此间距，保持好行进间传接球，选位练习形式如图 2-37 所示。

传接球形式：2 持球，2 传球给 1 后做重叠跑动，1 拿到球后跟 2 假装配合并假传球，实则传球给 3，3 拿到球后传球给 4 并做重叠跑动，4 拿到球后跟 3 假装配合并假传球，实则传球给 1，1 再跟 2 做重叠假传球配合，依此循环。

外侧球员接到球做假传球动作时，跑动路线可以保持直线，也可以适当向内侧移动，在自己面前树立"假想敌"，以局部重叠制造瞬间"二打一"的情境。

提示：在重叠配合过程中，无球球员要根据所处位置和角色随时经验移动选位，以保持好彼此间距、纵深和队形，特别是中间两名球员的相互补位尤为重要。

（七）插上传接球配合

练习形式如图 2-38 所示，5～7 名球员一组一球，呈梯形纵深排列，球从 1 号球员传给 2 号球员，2 号球员传给 3 号球员，3 号球员传给 4 号球员，4 号球员传球给 5 号后，立刻向 5 号球员的身后跟进，5 号球员接到球后，给自己设立面前的假想敌"防守球员"，根据内侧防守球员的位

第二章　传接球技术

置距离,突然向着外侧边线方向加速绕跑,企图突破。此时,4号球员可称为"口袋球员",4号球员要跟随5号球员,保持5～10米的距离,5米近距离起到支援保护的作用,10米远距离起到接应传球再与远端队友链接的作用。3号球员称为"插上球员",要会观察、会选位,等待适宜的机会插上配合。

图2-37　四人"重叠传球"

假想5号球员持球在边路被内侧防守的球员逼停,停住脚步的瞬间要观察内侧伺机快速插上的3号球员,瞬间形成近距离二打一,利用时间差和速度差突破防守。

假设,如果防守方内侧的补防球员快速到位,边路不能形成很好的瞬间二打一形式,那么5号球员可以假传球给插上的3号,实则传球给在背后远端接应的4号球员。

4号球员接到球后,根据防守方的压迫情况,可以向前带动再传球,或是立刻传球给远端的队友,破解局部压力,继续展开传递进攻。依此形式,在两个边路区域进行循环练习。

提示:英式七人制橄榄球比赛中时常出现的传接球配合。插上配合传接球,关键在于会观察、会带动、会选位、会抓机会,一人动,全队动,快慢节奏明晰。

图 2-38　插上传接球配合

（八）"直角"横竖排传接球

两种练习形式：
其一，由外向内接力跑动传接球，如图 2-39 所示。
其二，由内向外以多打少传接球配合，如图 2-40 所示。
场地设置：直角处为 0 位置，1、2、3、4 位于纵轴方向，彼此间距 5 米；5、6、7、8 位于横轴方向，彼此间距 5 米。
练习形式一：
（1）1 持球，除 0 位置不站人之外，其他数字编号的位置均有 3～4 人呈纵队排列。
（2）1 持球向前带动，待加速至 1/2 前方进攻位置时，把球传递给 2，2 传球给 3，3 传球给 4，4 拿到球后根据位置（不能前传）把球传递给 8。
（3）8 接球的瞬间启动跑向前带动并传球给 7，7 传球给 6，6 传球给 5，5 接到球后根据位置把球传递给下一队的 1，依此进行循环练习。

图 2-39 "直角"横竖排传接球

练习形式二：

（1）0 位置持球，所有位置均有 3~4 人呈纵队排列，0 位置可以多站几名球员。

（2）0 位置的持球球员做决定，选择进攻的方向。例如，0 持球突然向 4 的位置进攻，那么 4、3、2、1 队则成为防守方，而 5、6、7、8 队则成为进攻方。

（3）0 和 5 瞬时成为"二打一"4 的局势，随着防守球员的逐一加入，内侧区域依次形成"二打一"的局面，在攻防压力下练习传接球。

提示：关键在于 0 位置球员的进攻面选择和快速二打一展开进攻。持球球员选择好进攻方向后，要与队友一起尽可能快速展开进攻，利用远端空间向前获得区域或突破，持球球员亦可依据防守球员的不合理防守行为，利用假动作突破防守，然后再快速传递，展开进攻。

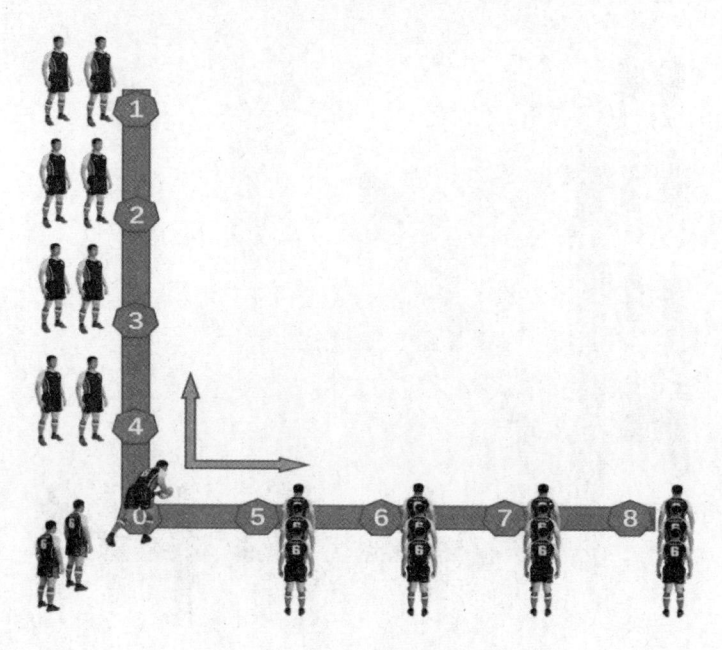

图 2-40 "直角"横竖排传接球

提示：根据球员人数，可以 3 对 3 站位，既可以练习传接球，也可以进行瞬间选择进攻方向的 3 打 2 攻防练习。

（九）"四边形有利线"连续传球进攻

四名球员一组一球，呈梯形纵深排列，球在标志碟 1 位置的地上，标志碟 1 和标志碟 2 之间的假想连线为进攻方向的有利线，也就是说四边形的四条边就是有利线，练习形式如图 2-41 所示。

教练员鸣笛后，第一名球员捡地上球并传球给加速接应的队友，其他球员在跑动中依次把球传给外侧相邻的球员，最后的球员拿到球后跑至标志碟 2，把球按压在地上并成为第一名球员，其他人在传完球后按照跑动顺序在下一个拐角有利线后依次选位。

提示：四名传球进攻球员沿着四边形的每条边，依次进行顺时针（或逆时针）的转动实施循环练习，注意快速跟进和选位，以及球员快速传递球时的质量，要求球始终不能超越假想中的进攻有利线。在同一个场地设置中，两支或三支队伍可以同时开始追逐练习，被追上的队伍将被淘汰出局。

第二章 传接球技术

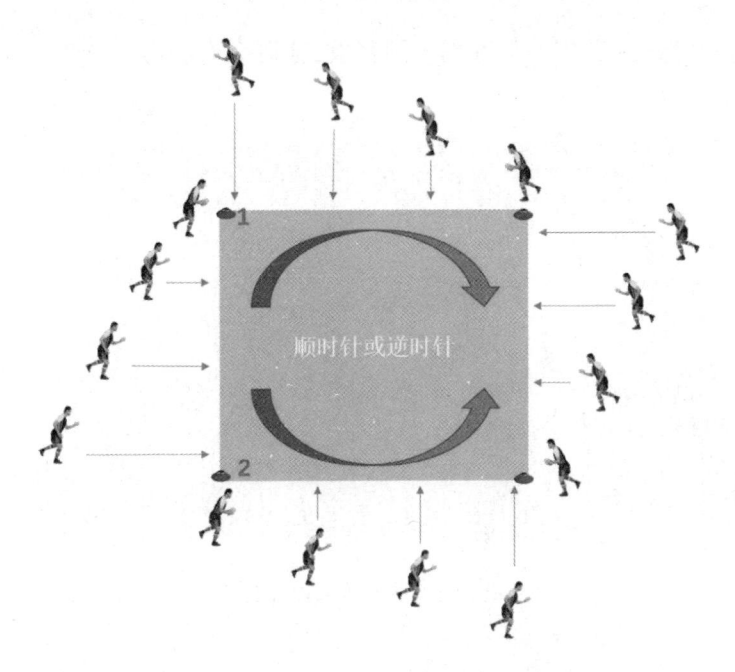

图 2-41 "四边形有利线"连续传球进攻

（十）快速展开传接球配合

七名球员一队一球进行练习时，要充分利用场地宽度，把传接球配合和快速向前推进充分结合起来，抢占横向和纵向地域，为局部或个人创造空间、创造破线得分的机会。这就要求全队球员都要具备横向空间快速展开的传接球能力和纵向空间加速向前推进的能力，即全队传接球技能。通过传立球、传旋转球的快速往返摆动和各种形式的中路变化传接球，把球最终转移到远端位置。练习形式如图 2-42 所示。

1. 传接球时的提示

（1）在传准、传快的前提下，要尽量减小传球时的身体动作幅度。
（2）传球时，要定位，观察，寻找传球靶心。
（3）传球后，手肘及时收回，保护软肋，并跟进支援。
（4）练习传接球摆动，跟进、选位时要像"手风琴"般收缩、拉开。传球后跟进支援，向有球端收缩；传递进攻时要以球的位置为参照，向

· 67 ·

外发散、拉开选位,利用外部远端空间释放、施展个人能力。彼此口令提示贯穿始终。

图 2-42 快速展开传接球配合

2. 跑动传接球的节奏变化

节奏变化:慢跑—加速跑—惯性跑—节奏跑—碎步跑—慢跑,依此循环。英式七人制橄榄球比赛中,首先要发挥持球球员的个人能力,持球球员左、右的队友要会主动配合,远端队友亦要做好接应准备。压力是攻防之间的距离。跑动传接球的节奏变化详解如下:

(1)接球前慢跑

无球球员要通过慢跑来调整好各自的位置,特别是要保持好与前一位队友(持球的方向)的纵深和距离。根据可利用空间的大小和队友的间距,以及个人爆发力和战术配合的要求,调整、选择适合自己的纵深和间距。

(2)碎步加速

前一位接球球员持球变碎步时(是提高传球质量所需,亦是肢体动作沟通,是告诉下一位接球人的信息,意思是说:我准备要传球了),准备接球的球员要心领神会,突然爆发力加速,快速摆臂和加快步频,充分发挥速度能力。

（3）惯性接球

球员准备接球时不要再用力加速，但要保持好速度的惯性，全身适当放松，双手胸前张开，手心和身体（胸口）略转对着来球的方向，并适当降低身体重心，精力集中、专注于接球。

（4）接球加速

球员接球瞬间要会调整身体和脚步，特别是要把脚步调整为外侧腿在前，瞬间接球，使整个身体包住球，以应对难度球的传接，避免接球失误。接到球后立刻加速，根据预判断和具体实际情况以及要求变化节奏。

（5）碎步传球

高速跑动中突然变碎步，通常4~6次快速碎步，适当降低速度。根据具体要求决定碎步步数，主要是调整与防守球员的合适间距，注意传球的稳定性，传完球后的自我保护，以及等待防守球员的重心移动，通过快慢节奏控制防守球员。球员传球时，必须要降低重心，稍前倾俯身，转体传球。传球瞬间，眼睛、双手和胸口要指向（朝向）接球队友。传球结束瞬间立刻把双肘收回，保护好自己的两肋部位，同时要大幅度降低速度，避免前冲与防守球员发生碰撞。

（6）慢跑选位

传球结束后，球员要有意识地变为慢跑，重新选择纵深和间距。根据具体要求进行慢跑连线或加速再配合。

（十一）迎面相对不过线传接球比赛

14名球员分成人数均等的两队，每队7人一球，以标准比赛场地的中线为分隔线，两队分别位于中线的两侧，双方球员一一对应站位，按照球员的场上位置排列位置，要求大纵深跑动中传接球，并且要充分利用70米宽的比赛场地，练习形式如图2-43所示。

教练员鸣笛后，两队同时开始传接球比赛，在大纵深加速接传球的同时要快速把球转移到最远端边锋手中，整个传递过程中球不能超越中线。当边锋接到球后，要快速到达身前的中线并在中线上把球触地达阵，率先完成的队伍获胜。

提示：教练员可以根据自己的要求和实际比赛所需，进行往返或多次往返传接球；或是边锋触地达阵后倒地放球形成拉克（RUCK），一名队友护球，另一名临近的球员作为传锋，进行全场范围的全队进攻模拟传接球。这种形式的练习,除了提高球员传接球时对全场宽度的认知和传球能力外,更主要的是提高无球球员的快速支援和选位意识。当然,除了可以模拟边路形成拉克(Ruck)的进攻模式练习外,也可以设置、模拟在中路位置形成拉克(Ruck)的进攻模式。更高级的练习是:教练员只规定在折返跑传递过程中的拉克(Ruck)次数(如2～6次),拉克(Ruck)形成的具体位置和进攻组织由队员自主实施,这样不仅可以增加练习的难度,与真实比赛更接近,而且可以提高球员的自主意识和位置意识,特别是提高特殊位置球员的指挥、组织、谋划和假想设置、意念比赛的能力。

图 2-43 迎面相对不过线传接球比赛

五、综合、实战型游戏练习

在传接球的实际应用中,球员要根据自身所处的瞬间实际情况而采用不同的传球配合方式或自我保护动作。这样的游戏形式贴近橄榄球项目的本质特征,具有明显的专项性,大视野快选择,跑动强度大,身体控制能力、对抗能力突出,快速判断随机性强,充分体现个体技能和团队的协作能力。

(一)综合型游戏练习一:持球触碰 OUT

根据参与游戏的人数,利用标志碟设置出与球员传接球水平相适应的矩形(或圆形)区域,把球员分成均等(或持球方人数少于躲避方)的两队进行游戏。额外练习方式：持球捕捉方由两名球员开始，被捕捉到的球员变换角色成为持球捕捉方。

游戏规则：

有球方通过不限次数的各种形式的传接球进行配合，双手持球时快速用球触碰躲避方球员，试图通过球与躲避方球员的接触而成功将其 Out。对于有球方行为具有一定的限制：其一是持球人不能移动(仅限于一步以内)，无球人可以随意移动，但不能故意阻挡、干扰躲避方球员；其二是有球方不能传接球失误(球落地)，否则已经 Out 的躲避方球员复活；其三是持球人不能单手持球触碰躲避方球员，或把球故意扔向躲避方球员，或球脱手后触碰躲避方球员，均属无效触碰。躲避方球员可以在规定的区域内随意跑动，但不能故意把空中球挡落或干扰有球方球员的移动，无论任何情况，躲避方球员只要接触到橄榄球，就要被 Out。被 Out 的球员需站到游戏区域外的固定位置，等待复活或游戏结束。根据单位时间内被 Out 球员的多少或在规定时间内率先把所有躲避方球员 Out 为标准，判定队伍的输赢。

额外练习方式：开始时，由两名身穿号卡的球员进行传接球配合，触碰其他所有没有身穿号卡的躲避方球员。如果触碰成功，被触碰的躲避方球员要穿上号卡，成为捕捉方球员，依此进行练习，直到最后所有人都被触碰且穿上号卡。如果继续练习，可以在此基础上，由教练员指定两名球员脱下号卡进行传接球，捕捉其他所有穿号卡的球员。如果触碰成功，被触碰的躲避方球员要脱下号卡，成为捕捉方球员，依此练习，直到最后所有人都被触碰且脱下号卡。

(二)综合型游戏练习二：传接球次数大比拼

根据参与游戏的人数，利用标志碟设置出与球员传接球能力、躲闪对抗能力相适应的矩形(或圆形)区域，把球员分成人数均等的两队。

游戏规则：

有球方队伍试图通过彼此之间尽可能多的传递达到获胜次数，如规定传接球 20 次无失误即获胜(根据队伍整体水平决定)。而无球方则要尽可能阻止有球方达到规定的传接球次数，这是两支队伍彼此攻防争斗的比拼。有球方球员可以随意跑动，不能故意阻挡或掩护，主要以选择空位进行接应为主；持球人可以随意跑动，在跑动、躲避和传递过程中，可以推挡无球方球员进行防守。无球方球员只能对有球方持球人进行拦截、搂抱(使球无法传递,形成死球),或破坏其持球或传球,致使有球方的橄榄球落地或被抢断、抢夺失去控球权。无球方防守成功并立刻转变为有球方进行传接球配合。根据规定时间内完成传递次数的多少或是否达到规定的传递次数(如连续传球5次球得1分)判断队伍的输赢。

(三)综合型游戏练习三:传接球打移动靶

根据参与游戏的人数,利用标志碟设置出与球员传接球能力相适应的矩形(或圆形)区域,把球员分成人数均等的两队。

有球方队伍的球员彼此间距均匀,站立于矩形(或圆形)区域外,可以传球给任何一位队友,但是不能掉球。无球方的所有队员全部集中在矩形(或圆形)区域内,通过快速移动和躲闪,躲避开有球方球员的传接球。有球方球员可以随意传接球,在找到合适的击打机会时,可以用球击打区域内的无球方球员,如果无球方球员被橄榄球击中,则该球员即被OUT,到区域外固定的地点等候。如果有球方队伍在传递过程中掉球,或是未击打中区域内的无球球员导致球落地,那么之前被球击中而OUT的球员按照先后顺序复活,掉一次球则复活一人。单位时间内,根据全部击中OUT的时间或留存在区域内的球员数量多少来判断双方队伍的输赢。

(四)综合型游戏练习四:实战触碰攻防

根据参与游戏的人数,利用标志碟(或地上原有标线)设置出适合球员运动水平的矩形实战攻防场地,把球员分成人数均等的两队。

游戏规则:

开始或得分后的重新开始,均在场地中间线的中点,采用踩踏式(或足弓推球)开球的方式,有球方可以通过各种形式的传递配合(不能向前传球)进行突破防守并最终达阵得分。在进攻过程中,持球人如果被防守方球员双手触碰到,持球人必须停止跑动并在触碰位置胯下滚球,其队友捡球、传球,也可以持球跑动,但是不能被触碰(失去球权)或达阵得分。进攻方持球人被累计三次触碰后球权转换,拿到球权的一方再转换球权的位置,采用踩踏式(或足弓推球)方式开球。防守方在对方中场开球时必须退后 5 米，在每次触碰进攻方持球人或球权转换后，所有防守方球员必须以触碰点和开球点为基准后退 2 米，否则视为越位，防守无效或受到转换球权或触碰次数重计的处罚。根据在规定时间内完成达阵次数的多少判断队伍的输赢。

（五）综合型游戏练习五："篮球"式攻防

根据球员数量分成两队，在半场区域进行触碰比赛，场地设置如图 2-44 所示。

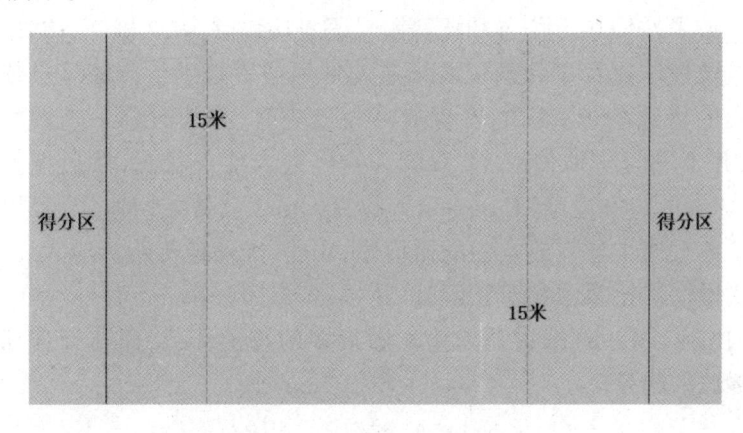

图 2-44 "篮球"式攻防

游戏规则：

持球球员可以向任何方向传球，亦可前传球。进攻方一名球员必须在得分区接到同伴的传球并触地达阵才算得分，但传球者必须在一定的距离内才可传球进入得分区，距离由边路的标志碟标示为准，大约 15 米。持球人只要被防守方双手触碰或在传递过程中发生掉球，立刻转换球权。进攻方多利用跑动、短传和长传与队友配合进攻，得分后依然保有球权立刻再反攻，5 分钟一节，共 2 节，得分多的队伍获胜。

第七节　传锋传球技术

一、传锋传球的定义

传锋，在英式橄榄球竞赛规则术语中称为"Scrum-half"或"Half Back"，或者按照场上位置和比赛服号码直接称呼为"9号"。传锋传球，是英式橄榄球比赛中特殊位置球员的专项位置技术。传锋球员依据在比赛中的特殊角色、使命，在保有球权进攻时，必须时刻跟随橄榄球的左右，并不失时机地使双手、双脚和身体进入准备状态，然后把处于斯克兰（Scrum）、争边球（Line-out）、拉克（Ruck）、冒尔（Maul）等形式被放置于地上或半悬空或空中的橄榄球，快速、准确地传给接应人。传球，在英式橄榄球比赛中相对于踢球、扑搂、正集团（Scrum、Line-out）和乱集团（Ruck、Maul）来讲是发生次数最多的技术环节，而传锋传球又是诸多传球的起始。

二、传锋传球的作用与意义

依据位置技术和职责所在，要求传锋球员在本方进攻时要时刻跟随着球，负责拉克（Ruck）、冒尔（Maul）、斯克兰（Scrum）和争边球（Line-out）之后的出球、传递，是前、后锋衔接的纽带；负责组织、协调前锋球员的连续集团进攻；负责传递、支援、配合后锋的战术配合；负责在本方危险区域正集团或乱集团时踢球解围；负责召集队友在攻防转换时的快速应对等。

在比赛中，攻防双方围绕移动中的橄榄球进行针锋相对的较量，传锋是前、后锋球员传递、转移进攻区域的桥梁，是前、后锋球员互相沟通、协同作战的纽带，是全队统一思想、运筹帷幄的指挥中枢。通过传锋球员承前启后的衔接作用，把前锋和后锋的进攻战术巧妙地转化、组织起来，把场上每一位进攻球员串联成一个具有强大攻击性的整体，为破线达阵得分创造良好的机会。

第二章　传接球技术

随着现代英式橄榄球竞赛规则的不断更新、完善，球员个人技术动作的实效性及整体防守观念的先进性不断提升，比赛中对峙双方相互施压的程度日趋严峻，对传球配合质量的要求越来越高。传球技术水平的高低不仅代表了个人专项技能水平的高低，更代表了队伍整体竞技水平的高低。传球，特别是传锋传球，已经成为决定一场橄榄球比赛胜负的重要因素。

三、传锋传球的主要形式和要求

传锋传球通常以传旋转球为主，是一项高标准、高要求的个人技能。传锋必须具备三种形式的传球技能：其一是初级水平的在斯克兰（Scrum）或拉克（Ruck）中，固定位置传地上球；其二是中级水平的在争边球（Line-out）或冒尔（Maul）中，动态地围绕接应球再出球；第三种形式是高级水平的在巨大压力下做出的应急反应出球，如鱼跃传球、胯下传球等。

所有形式传球的共同点是：尽可能快速和准确。传锋的职责是尽可能把更多的时间留给接球球员，特别是10号球员（Fly-half）和后锋线。对传锋传球的快速要求通常以百分秒计算，但传球不能脱离准确。如果把球传到了10号球员的身后、地上或高过了头顶……那么，任何潜在的失误都会使后锋线的进攻功亏一篑。同样，如果传锋球员传球非常精准，但是却总是在前锋散开之前慢吞吞地传球，或传球没有力度，使球飞行的速度很慢，致使防守方球员形成紧密的防线且严阵以待，那么整个后锋线也不会有充裕的时间和空间去做任何形式的战术组合进攻。

高成功率的传锋传球是英式橄榄球运动竞技水平不断提高的必然要求，但是快速、准确、合理的技术掌握并非一日之功。因此，从青少年接触英式橄榄球运动专项训练伊始，教练员就应该向其灌输正确的传锋传球技术理念，引导其掌握规范合理的传球技术，因为错误的技术动作结构一旦定型，就难以纠正。

对于成年球员而言，即使当传球技能遇到瓶颈，不得不对传球技术进行改造时，也切忌大刀阔斧地进行，而只能在原有传球技术动作的基础上进行微调，否则就会破坏整个传球技术动作结构系统，导致传球成功率再度降低。

需要强调的是，科学训练的基本前提是因人而异，个性化训练。智慧的教练员不应该将所谓"完美的传锋传球技术"强加于任何球员，而是应该在其理解传锋传球技术原理的基础上，结合球员的个人特点，选择合适的训练方法和手段，形成科学合理的个性化传锋传球技术。

四、世界著名传锋球员介绍

澳大利亚橄榄球队队长——乔治·格瑞根（George Gregan），如图2-45，被界内誉为史上最佳传锋运动员之一。他1973年4月19日生于赞比亚卢萨卡，21岁时成为澳大利亚橄榄球代表队成员，身高173厘米，体重76公斤，为国家队效力13年，为超级橄榄球联盟（Super League）野马队（Brumbies）效力11年。

图2-45 George Gregan（右起第三位）（左起第一位：张志强）

他于1999年帮助澳大利亚队赢得英式十五人制橄榄球"世界杯"冠军，2002年作为澳大利亚队队长赢得布莱迪斯洛杯（Bledisloe Cup），2003年获得英式十五人制橄榄球"世界杯"亚军。他以120次国家队出场纪录创造了新的世界纪录，并以55次作为澳大利亚队长的纪录，成为澳大利亚有史以来最具影响力的队长，并入选澳大利亚"十年最佳阵容"。

乔治·格瑞根从一名传锋球员成长为被世人尊重的世界橄榄球强国的队长，他以坚韧、技能、领导才能和体育精神屹立于英式橄榄球运动的世界之巅。一位受人尊敬的资深橄榄球分析师这样评价他，"乔治·格瑞根不仅仅是一位伟大的传锋球员，还是一位伟大的橄榄球运动员。"George Gregan（澳大利亚）& Jason Robinson（英格兰）如图 2-46 所示。

图 2-46　George Gregan（澳大利亚）& Jason Robinson（英格兰）

表 2-4　乔治·格雷根传球技术统计表 2-4

1999 年英式十五人制橄榄球"世界杯"— 决赛							

澳大利亚 35∶12 法国							
传锋（乔治·格雷根）技术统计：							
出球形式	出球数	3～5 米	6～10 米	11 米以上	失误次数	成功率
Ruck	48	13	23	12	—	
进攻线传球	4	3	—	1	—	
Scrum	2	—	2	—	—	
Line-out	9	4	3	2	—	100%
Maul	3	—	1	2	—	
出球总次数				失误次数		
66				0		

续表

2003年英式十五人制橄榄球"世界杯"— 半决赛

澳大利亚 22：10 新西兰

传锋(乔治·格雷根)技术统计：

出球形式	出球数	3~5米	6~10米	11米以上	失误次数	成功率
Ruck	61	7	34	20	1	
进攻线传球	21	10	10	1	—	
Scrum	2	—	—	2	—	99%
Line-out	9	—	4	5	—	
Maul	1	—	—	1	—	

出球总次数	失误次数
94	1

2003年英式十五人制橄榄球"世界杯"— 决赛

澳大利亚 17：20 英格兰

传锋(乔治·格雷根)技术统计：

出球形式	出球数	3~5米	6~10米	11米以上	失误次数	成功率
Ruck	58	15	29	14	—	
进攻线传球	4	2	2	—	—	
Scrum	3	—	1	2	—	100%
Lime-out	11	1	3	7	—	
Maul	1	—	—	1	—	

出球总次数	失误次数
77	0

通过传锋(乔治·格雷根)传球技术统计表2-4可以清晰看出：世界大赛中，乔治·格雷根在拉克(Ruck)状态下的出球次数最多，并且是6~10米的中等距离传球次数最多，其他环境下的出球次数相对较少，传球总次数的成功率几乎为100%。

第二章 传接球技术

毫无疑问,旋转球不仅具有速度和准确性,而且同样还能拥有最远的距离。传锋球员做好充分准备,应该能够既快速又准确地把球传至30米远的地方。国际级别的传锋球员,总能在 5 ~ 20 米找到最佳的传球点。睿智的判断、身位的选择、身体的姿势、双手的位置、合理的发力、超强的控球和球感等都是决定传锋是否能传好球的因素。

五、传锋传球技术动作解析

此处以右手发力传球为例,针对初级跪姿传地上球和比赛实战传地上球两种形式进行解析。

(一)初级跪姿传地上球技术动作解析

1.跪姿单手传地上球

动作如图 2-47 所示。
(1)准备姿势
传锋球员胸部正对传球目标,小弓箭步单膝跪在地上。左腿弓,大腿与地面平行,小腿垂直于地面,脚尖指向传球目标。右腿膝关节着地,大腿垂直于地面,右脚脚前掌蹬紧地面使小腿肌肉绷紧。橄榄球固定在地上且于跪地大腿的正前方,纵轴(前面的球尖)指向传球目标,后面的球尖抵住右腿大腿。
(2)俯身控球
低头俯身,右手向下伸展并按压在球上部的后 1/2 部位。右肩下沉低于左肩,左手可以按压在同侧大腿上,亦可以向前平举指向传球靶心。右臂略弯曲,肘窝呈 120° 角,右手五指自然分开,掌心空出,除拇指外其他四根手指基本与橄榄球纵轴(缝合线)垂直。
(3)蓄力直击
传锋球员在俯身控球之后要即刻抬头观察并锁定传球目标。把握住橄榄球右手向下按压的同时向外推转,使手腕内扣并使四根手指处于橄榄球的底部后 1/2 位置。腹部肌肉收紧,核心区稳定,通过稳定的腿部支撑,腰腹、肩膀的带动,右臂带动小臂似挥拳般爆发力直击,最后手腕手指快速鞭打拧转发力。球的旋转速率由手腕手指施加力的大小控制，而传球距离的远近则是由单臂直击的速率决定。

（4）指向绷紧

传球时身体重心前移至弓起的左腿，单臂随直击鞭打的惯性作用自然伸展并指向传球目标，双手手指自然张开，不要屈指或握拳或高过肩部。传球结束瞬间，身体保持片刻紧绷状态，起到一定的自我保护作用。

图 2-47 跪姿单手传地上球

2.跪姿双手传地上球

动作如图 2-48 所示。

第二章　传接球技术

（1）准备姿势

传锋球员胸部正对传球目标，小弓箭步单膝着地跪在地上。左腿弓，大腿与地面平行，小腿垂直于地面，脚尖指向传球目标。右腿膝关节着地，大腿垂直于地面，右脚脚前掌蹬紧地面使小腿肌肉绷紧。橄榄球固定在地上且于跪地大腿的正前方，纵轴指向传球目标，后面的球尖抵住右腿大腿。

（2）俯身控球

低头俯身，双手同时把控球。右肩下沉低于左肩，头肩平面基本与地面平行，即左手短右手长。左手按压在球内侧的前 1/2 部分，拇指与球的纵轴呈 45°角；右臂略弯曲，肘窝呈 120°角，右手较舒适地插包住球的外侧后 1/2 部分，除拇指外其他四根手指基本处于橄榄球的后下方位置。

（3）蓄力直击

传锋球员在俯身控球之后要即刻抬头观察并锁定传球目标。腹部肌肉收紧，核心区稳定，通过稳定的腿部支撑，腰腹、肩膀的带动，双臂同时似挥拳般爆发力直击，最后手腕手指快速鞭打发力，双手用力比例以发力手 80% 和导向手 20% 为宜。快速直击传球的过程中，随着发力手手腕的前推回转和导向手拇指的向前推拨，橄榄球在空中自然旋转。球的旋转速率由手腕手指施加力的大小控制，而传球距离的远近则是由双臂直击的速率决定。

（4）指向绷紧

传球时身体重心前移至弓起的左腿，双臂随直击鞭打的惯性作用自然伸展并指向传球目标，双手手指自然张开，掌心相对且双掌之间保持橄榄球的横轴距离，大致 19~20 厘米，不要屈指或握拳或高过肩部。传球同时或结束瞬间身体和双臂保持片刻紧绷状态，防备敌方球员的冲撞。

（5）实施事项分析

橄榄球固定在跪地大腿的正前方或附近，不要放在大腿外侧较远的位置，避免迫使身体重心过度倾斜，失去传球稳定性和准确度；球尖抵住大腿，是避免在控球传球的瞬间有后摆动作；传球结束后，双臂朝传球目标自然前伸，不要故意把双臂伸直；不要趴卧在左腿上，跟随直击传球的惯性，身体姿态恢复小弓箭步和身体直立的状态。

图 2-48　跪姿双手传地上球

（二）比赛实战传地上球技术动作解析

英式十五人制橄榄球比赛由于参与集团争抢球权的攻防人员较多，特别是拉克（Ruck）和斯克兰（Scrum）时，控球、传球环境非常复杂，这就要求传锋球员必须掌握多种形式的传球技能，以胜任位置职责。

比赛实战传地上球主要有两种形式：其一，在正、乱集团慢节奏地进攻时，球很好地控制在护球球员的脚下，传锋球员可采用原地探腿传地上球的形式出球。其二，在前、后锋相互配合快速进攻形成乱集团且不能很好地使球暴露时，或防守线出现漏洞需要传锋快速出球抓机会时，通常采用掏球后撤步传球的形式出球。根据即将选择的进攻方向（传锋球员的左侧或右侧），决定探腿和后撤腿时采用的左、右腿的前后位置。

1. 原地探腿传地上球

（1）低姿探腿

球在地上且在似爬行般低姿俯卧的护球球员的大腿至小腿的投影下方位置或脚下，传锋球员必须屈髋屈膝降低身体重心，快速观察并找到球的具体位置。右腿跨越过球，使球尽可能地靠近右脚内侧，右脚位置固定后即刻找寻传球的目标，以调整左腿位置。

（2）降臀控球

双腿大开立呈侧弓箭步状,右腿弓且承载70%的体重,左腿适当伸直指向传球目标并承载30%的体重。下蹲降臀,眼睛盯准球的位置,双手把控住球并根据传旋转球的握法进行手指微调,做好传球蓄力准备。

（3）前驱直击

传锋双手把握住球的同时抬头锁定传球目标。右腿蹬地使身体快速、平稳地向左腿或传球目标方向驱动,借助身体的协调带动,持球双手朝向传球目标爆发力直击,手腕手指拧转、鞭打发力完成出球。

（4）控制结束

跟随身体前驱发力的惯性,控制好身体的重心和平衡,最终身体姿势定格在左腿小弓箭步状。胸部和平伸的双手朝向传球目标,左腿弓,承载70%体重,右腿膝关节协调跟转内扣,支撑30%体重。

（5）实施事项分析

如果球处于护球球员腹部或大腿投影下方位置,距离传锋位置较远时,传锋可以借助越位线的有利原则,用脚把球勾拉到距离护球球员双脚较近的位置,利于探脚控球;探腿结束时,传锋双脚的连线延长线最好与传球目标在同一条直线上,以提高传球准确度;降臀控球时,切记不要俯身、翘臀,否则会影响传锋的视野和传球准确度;驱动身体爆发力传球时,不要突然站立起来,使双手向上提拉球至距离地面太高,从而影响传球的及时性、准确度和力度。原地探腿传地上球如图2-49所示。

图2-49 原地探腿传地上球

2. 掏球后撤步传球

（1）低姿掏球

传锋跟随并寻找到地上球的具体位置后，双腿平行开立宽于肩，马步下蹲，大腿与地面平行或低于水平面。低头俯身，背部几乎同地面平行，球处于传锋头部投影前的位置，传锋探身伸双手把控住球。

（2）持球后撤

传锋双手把握住球的瞬间身体重心后移，转头观察，眼睛寻找并锁定传球目标，快速后撤右腿，使身体和球快速远离乱集团中的防守人。身体向左侧稍稍转动并始终保持俯身低姿的状态，双手持球于胸前且保持在膝关节的高度位置。左腿跟随右腿向左后侧协调后撤，左腿膝关节朝向传球目标，左脚落地时脚尖尽可能地指向传球目标。

（3）横移直击

随着左腿的后撤指向，身体重心向左腿过渡，双手持球的高度随着身体的逐渐直立定位于腰部高度。眼睛锁定传球目标，在身体横移中快速直击传球，双手指向传球目标。

（4）跟进支援

传球结束后，跟随身体向传球目标前驱的动量惯性，传锋球员即刻跟随接球人进行指挥和支援，组织并准备好下一次传球进攻。

（5）实施事项分析

低姿掏球时，传锋身体重心保持在身体核心部位，不要前倾把体重按压在球上，以防影响掏球后撤的速度；从双手控球到传完球的过程中，保持球的定位位置始终稳定，不要有向后摆球企图增加传球力度的动作，容易影响准确度；传锋球员传球时，手腕手指可适当外翻拧转，以增加球的力度和旋转度，提高球在空中飞行时的稳定性，比赛中的动作展示如图2-50所示。

第二章 传接球技术

图 2-50 掏球后撤步传球

3. 争边球时传锋传球技术

传锋球员从争边球（Ling-out）或冒尔（Maul）中传球时，最重要的关键点是传锋球员在即将拿到球时的选位位置。此处以右手为发力手传球为例，比赛中的动作展示如图 2-51 所示。

（1）移动选位

传锋球员首先要观察在争边球队列中的哪位前锋跳手球员接到球并把球投掷下来。当跳手球员在空中接到球的瞬间，传锋球员已经快速移动到了距离队列 2 米且位于前托举球员的位置，并抬起双手，手心向外准备接球。选择这个位置不仅有利于空中接球的跳手球员能够快速观察到传锋球员，并且可以较容易地把球投掷给传锋球员。

（2）接球定位

传锋球员双手接到跳手球员投掷的球的同时屈膝屈髋降低重心，把球定位于肚脐前 28~30 厘米处，同时转头观察并锁定传球目标。

（3）指向直击

传锋球员眼睛锁定传球目标的瞬间，左腿快速移动使膝关节和脚尖指向传球目标，尽可能使左、右脚和传球目标处于一条虚拟直线上。身体重心快速向左腿前移，双手持球爆发力直击传球。传球结束后，胸部正对且双手平伸指向传球目标。

图 2-51　争边球时传锋传球技术

4. 传锋鱼跃传地上球

这种情况时常出现在比赛中,采用高级传球技术动作的原因有很多,比如前锋控球球员没有把球很理想地控制在传锋球员期望的位置,或在紧张的情况下当对方传锋球员给予进攻方传锋球员强烈干扰压力时,传锋球员可以利用鱼跃传球缓解压力,排除干扰。

这种情况可能发生在本方的斯克兰(Scrum)落败被迫后退,或球在乱集团拉克(Ruck)中突然暴露并出现在错误的位置、角度,或争边球跳手球员接球不顺利等情况时。无论怎样,传锋球员跟跄着快速掌控球并在做鱼跃动作过程中传球,能够把球快速转移出压力区是其最好的选择。同样的,在雨天或泥泞的球场比赛,鱼跃传球会有助于保障传球的及时性、准确性和传锋球员自身的安全。

此处以右脚蹬地鱼跃传地上球为例进行技术动作解析,动作展示如图 2-52 所示。

（1）跟跄控球

由于橄榄球在地上滚动时的不可控性,致使传锋球员必须低头俯身并屈髋屈膝快速跟跄着跟随球。待传锋球员接近球时一定要屈膝下蹲,眼睛盯准球,双手伸展把握住在地上滚动或稍稍弹起的球,一只脚(右脚)的位置刚好在球的后面且稍外侧,使俯卧的身体和前后开立呈小弓箭步的双腿包裹着球,前腿(右腿)承担着 80% 的体重。

第二章 传接球技术

（2）蹬跃拧转

传锋球员把控住球的瞬间，抬头观看并快速锁定传球目标。右腿随着俯身捡球的惯性再朝向传球目标爆发力蹬跃，传锋球员身体横跃在空中时，身体、双手和眼睛都要正对着传球目标，同时再次利用手腕手指和向前的速度惯性去使球旋转，增加传球的稳定性和力度。

（3）滑动缓冲

传锋球员在空中传完球后，身体要伸展呈平面跌落，双臂向前伸展引导身体，似飞机降落般在地面惯性滑行并缓冲身体对地面的冲击，尽可能使位于头部的双手或胸部先着地，双手先着地可以起到缓冲部分冲击和保护头部的作用。

（4）蹦起支援

传锋球员安全跌落到地上后，在橄榄球连续意识的催动下，要快速从地上蹦起来，跟随持球人进行支援保护并组织、策划下一次的进攻。

（5）实施事项分析

鱼跃传地上球通常是在移动中双腿前后开立，用一条腿蹬离地面。当然，根据实际情况，双腿同时蹬离地面似跳水般鱼跃传球也时常发生，重点是身体在空中飞行传球时，身体的动量方向和双手的传球指向一致，保证传球的准确度和力度。

身体的全部重量蹬伸向前，这有助于传锋球员提供给球良好的传球仰角。传锋球员从蹬跃点起跳并跌落在约 2 米远的位置，眼睛要始终聚焦在传球目标上，如果从传锋的脚到传锋的头画出一条直线，那么传出的球也一定是直线对着传球目标。

图 2-52 传锋鱼跃传地上球

六、传锋传球练习方法

(一) 传锋原地传地上球

两名球员一组一球,身体朝向进攻方向平行站立,前后身位错开1~2米,彼此间距8米,传球球员侧对接球球员,站位形式如图2-53所示。

传球球员(传锋)依据技术动作的要求,调整脚步、身位和体姿进入传球准备状态,特别要体会后腿的承重和前腿的指向性,然后按照规范的动作流程传球给接球球员,传球结束后身体朝向接球球员并站立起来准备接球。接球球员接到球后,半转身体侧对传球球员并把球放在面前的地上,然后再把控球并按规范的技术动作把球传回去,两名球员(传锋)依此进行循环练习。

提示:随着传接球能力的不断提高,可以逐渐加大传球力度,且传完球的瞬间要有向传球方向跟进的意识。可以加大纵深选位,增加接球球员启动加速接球的练习,以确保传锋球员传球时的快速判断、提前量、准确性和及时性,以及对传球力度的把控。

图2-53 传锋原地传地上球

第二章　传接球技术

(二)"纵排或弧线"点位传锋传球

（1）两名传锋球员相互配合练习。练习形式如图2-54所示，利用8个标志碟标示出呈直线且间距1米的放球点位，利用1个标志碟标示出位于8个放球点位中间位置且相距8～15米的接球点位。

（2）如果把8枚橄榄球首先集中在1个标志碟的接球点位，那就从接球点位的传锋球员开始发动练习。远端准备接球的传锋球员选择从8个标志碟的放球点位的一端站位，依次接住传来的球并把球依序按压在放球点位上。

（3）如果已经把球稳妥地依序摆放在了8个标志碟标示的放球点位，那就从放球点位的传锋传球开始发动练习。放球点位的传锋从一端开始，依序把球传递给接球点位的传锋，接球点位的传锋接到球后，把球摆放到自己的身后脚下位置。

（4）传锋传球时，依据放球点位的位置进行传球方向、角度、力度的调整，以适应比赛中各种情境下的传球状态。在这种形式的练习中，有前传、平传、向后传，比较全面地涵盖了传锋传球的各种形式，通过此简单明晰的练习方式提高传锋球员的传球能力。

提示：练习时，要求传锋球员必须采用规范的传锋传球技术，每次传球的身体方向、角度和前腿的指向性要快速调整，8枚橄榄球要连续不断地传出。待一次往返传接球结束后，传锋球员要转换身体朝向，以提高左右手传球质量无差别的能力。亦可以设置弧线形的放球点位，以加大传锋球员传球后移动、选位及调整身体方向和传球角度的难度。

(三)"顶角左右"三角传锋传球

利用3个标志碟标示出一个等腰三角形，三名辅助练习的球员分别位于三个角落，面向三角形内，其中顶角和一个底角的球员持球，传锋球员位于顶角并面对顶角的辅助球员，两人相距1～2米，练习形式如图2-55所示。

图 2-54 "纵排或弧线"点位传锋传球

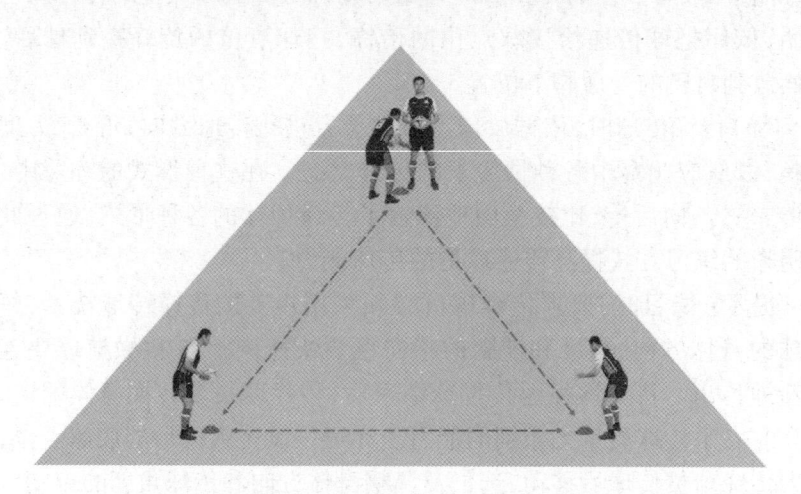

图 2-55 "顶角左右"三角传锋传球

练习开始,顶角的辅助球员采用挑传球的方式把球传递给传锋球员,传锋球员接到球的同时立刻调整脚步和身姿,把球快速传递给位于底角且没有持球的辅助球员。

传锋球员传球的同时,位于另一端底角的持球辅助球员要把球传递给位于顶角的辅助球员。传锋传完第一次球后,立刻回到原来位置,再次接顶角辅助球员的挑传球,然后再把球传给没有持球的底角辅助球员。同时,底角持球的辅助球员要把球传递给顶角的辅助球员。依此进行循环练习。

提示:传锋掌握传空中球技术后,顶角的辅助球员可以把球按压在面前的地上,传锋球员进行传地上球练习。待传锋传球能力稳步提升后,两个底角的辅助球员可以适当调整接球的角度或距离,以提高传锋球员的观察、判断能力,以及对手中球的调控能力。

(四)"矩形顺位"四角传锋传球

利用4个标志碟标示出一个边长为5～10米的正方形,每个角落站立一名球员,其中与传锋站在一起的球员持球,练习形式如图2-56所示。

练习开始,持球球员侧转身(胸口朝向正方形角落外)并胯下放球,然后身体保持半蹲或直立。持球转身胯下放球的球员可以采用三种不同的放球形式,如图2-56中左侧所示的三种放球形式。

传锋球员在正方形内侧俯身、蹲腿、控球并地上扫传球(立球或旋转球)给相邻的另一个角落的球员,球员接到球后向外转身并胯下放球,传锋球员传球后跟随传球方向快速跑至下一点进行传递,顺时针(或逆时针)连续传递,依此进行循环练习。

提示:要求传锋球员快速跟进球,快速调整脚步和身位,传锋传球技术动作规范,前方伸直的腿要朝向并对准接球球员的位置。随着不断的熟悉,可以适当增加传接球距离,提高传锋球员的手控球能力,传锋球员也可以根据不同接球位置球员的口令提示,进行随机、选择性传球。

图2-56 "矩形顺位"四角传锋传球

（五）"矩形移动"传锋传球

利用4个标志碟标示出呈矩形的四个位置，分别为A、B、C、D点，在同侧的A、B点分别放置一枚橄榄球，练习形式如图2-57所示。

接球球员总是选择相对于传锋球员对角线的位置站位，两名球员搭档进行练习。传锋球员捡A点的球并传向对角线位置的接球球员（D点），接球球员接球并把球按压在D点的地上，然后快速跑至C点准备接住从B点传来的球，依此进行循环练习。

提示：传锋球员不能决定想要传哪个位置的球，而是要观察接球球员的位置选择，然后快速到位进行精准传球。必须要执行对角线传球的原则，并且传球时身体要朝向矩形区域内侧。通过快速移动选位和传球，提高传锋球员快速观察、快速选择、头脑清楚的传球能力。

图2-57　"矩形移动"传锋传球

（六）"专职传锋"传球

根据人数分成均等的两列纵队，队伍平行站立且间距5米，在每支队伍的正前方摆放一个标志碟（假想敌），距离队伍10米，利用一枚橄榄球，指定一名固定的专职传锋。练习形式如图2-58所示。传锋位于两支队伍的中间位置。

第二章 传接球技术

练习形式1：持球球员跑至正前方的标志碟处并故作主动撞击形成拉克(Ruck)形式后胯下放球，然后保持半蹲或双腿前后开立成小弓箭步状，使球处于臀部下方，或后脚把球控制在两腿之间，待传锋球员传球之后，放球球员立刻起身向外绕回本队队尾。传锋球员看到持球球员向前跑动并假装撞击接触时，要即刻跟随持球球员跑动并在其放球后快速控球、传球给远端队伍的接球球员，传锋球员传球的同时顺势跟进朝向接球球员跑动。接球球员加速接球并快速跑至正前方的标志碟处做假装撞击接触后放球的动作，传锋球员再次快速调整身位进行控球、传球，依此进行循环练习。根据传锋球员的传球质量和体能状况进行传锋人员替换。

练习形式2：持球球员的队伍每次先后有2人跑向前方的标志碟处，前面的球员假装撞击接触放球，后面的球员充当传锋球员进行捡球、传球。放球的球员向外绕回本队队尾，传球的传锋球员传球后跟至接球队伍的队尾，每次更换一个传锋进行传球。依此进行循环练习。

提示：要求参与练习的所有球员要带有比赛观念，把前方的标志碟当作假想敌，可以兼顾练习脚步变向动作后再放球。要求传锋球员一定要规范传球，选位、身姿、扫传、跟进，一气呵成。教练员也可以把前方的标志碟替换成手持撞包的辅助球员，持球球员或接到球的球员加速撞击、对抗顶推，然后倒地放球，传锋球员快速跟进并传球，通过模拟比赛情境的练习，提高传锋球员传球能力的同时也可以提高其他辅助球员的对抗能力和比赛能力。

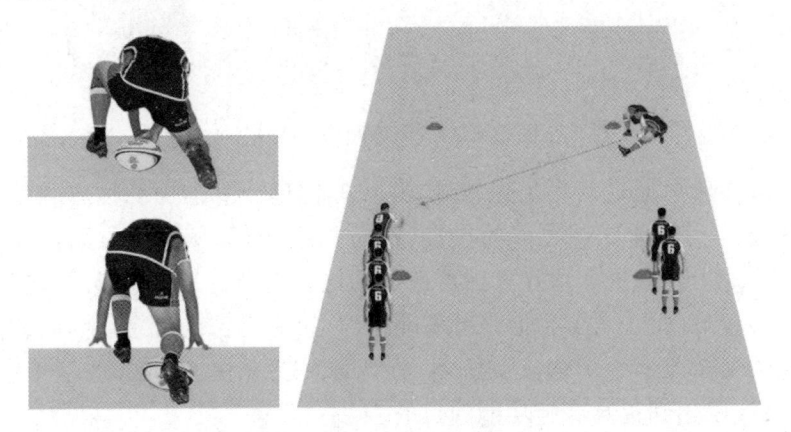

图2-58 "专职传锋"传球

（七）"传锋耐力"传球

如图 2-59 所示，把标志碟呈折线摆放，彼此间距 10 米（或更远）。传锋球员传地上球后快速跟进，并绕过接球球员选位时的标志碟，跑到接球球员在标志碟处放球的位置，待接球球员到位后立刻再传地上球。

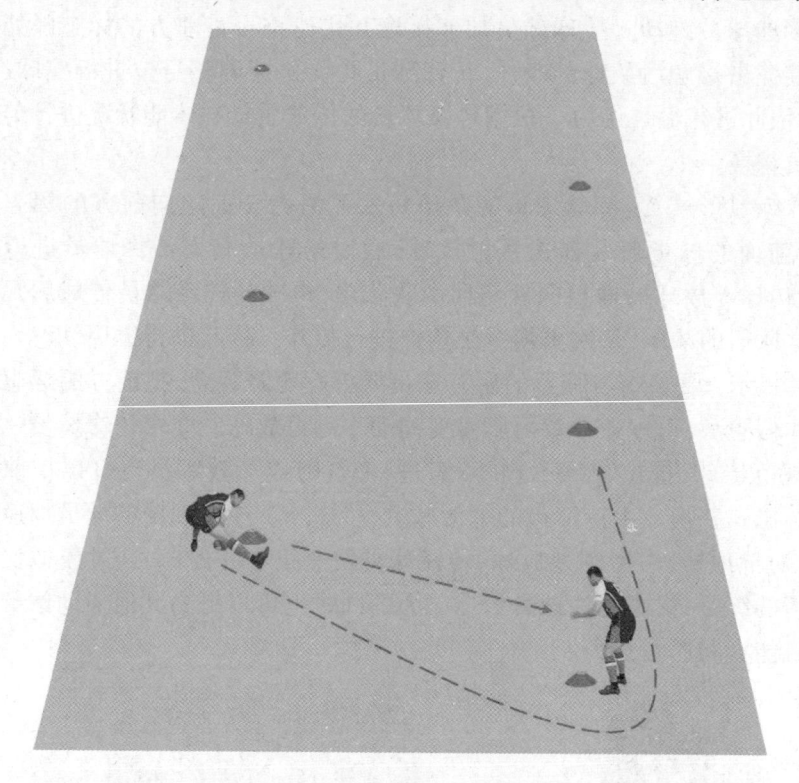

图 2-59 "传锋耐力"传球

接球球员原地启动加速接球，并快速把球放到前面的标志碟处，然后快速跑到传球球员之前的位置，准备加速接球，依此进行循环练习。通过传地上球跟进和达阵放球再选位的快速跑动传接球的形式，增强球员的传接球（地上）技术能力和跟进保护、快速选位的观念。同时，教练员必须要求具有一定强度的练习，强调球员要在快速的启动、急停状态下完成，以达到提高心肺功能的目的。

为了更好地提高球员的心肺功能和肌耐力，增加练习的实效性，在进行传接球之前，两名搭档要分别在固定的位置（起点标志碟处）做 10

次俯卧撑和10次立卧撑,然后再进行传接球的耐力练习。

提示：训练时要做往返练习,一趟大概10个标志碟,完成传接球之后,合作的两名球员要快速跑回起始点。传锋球员：传—跟—绕；接球球员：接—放—撤。

七、触式橄榄球进攻推进简介

滚球(Roll Ball),是触式橄榄球比赛中进攻方最常用的基本组合技术动作。触式橄榄球是相互用手轻触碰的运动,无论进攻方还是防守方都要掌握触碰的主动权,只有学会主动触碰,才能不断提高技战术水平,而这种有目的、有意识的触碰我们称之为"做点"。根据参与人数的不同可分为"三人做点"和"两人做点"。

两人做点,即持球球员向一个方向进攻,主动触碰防守球员,在触碰后或同时立刻将球放置于两腿间的地上,并跨前一步或直接向左或向右移动。捡球球员(传锋)跟进捡球后,立刻向后回传给这位放球球员,放球球员接到传锋的传球后再次成为持球者,从而完成一次"两人推进"合作,继而发起下一轮进攻。

要求：持球球员放球后快速横跨腿扫过地上球并向左或向右(视机会和战术配合而定)移动,或放球后,跨过球并快速向左前方(60°)或向右前方(60°)移动,传锋球员要在高速下捡球(双手或单手)并向前直线带动,在距离捡球点4~5米的位置时把球传给刚才的放球球员,依此进行循环推进,返回时两人互换位置和职责。目的是快速向前捕捉机会或创造纵向空间。

三人做点,由三名球员配合完成,持球球员向前主动触碰防守球员,在触碰后或触碰的同时,在触碰点将球放在两腿之间的地上,双腿平行或前后开立并跨前一步。这一组动作在触式橄榄球运动中称为"Roll Ball",即滚球。紧随其后的队友将球捡起并迅速传给后面跑动插上的第三名队友,这名紧跟在持球队员身后的捡球队员被称为"Half",即传锋。接球队友接到传锋球员的传球后,三人之间就算完成了一次"三人推进"进攻。紧接着持球球员再次向防守方发起攻击,由此进入下一个"三人推进"的模式。

据测试,"三人推进"和"两人推进"在进攻速度上几乎没有差别。因此,选择两人还是三人做点推进进攻,主要取决于每支队伍的战术安

英式橄榄球运动个人技术解析和专项技能练习方法

排和熟练、默契程度。依据比赛攻防中发生触碰滚球的两种推进形式进行传锋传球练习，通过调整传锋和接球球员之间的间距、纵深和速度来提高传锋传球的能力，以及通过语言沟通进行近距离挑传球和远距离旋转球的随机默契转换。

（一）"两人推进"练习形式（触式橄榄球）

（1）2名球员一组一球，利用标志碟标示出一条直线，标志碟间距7米作为触碰放球点。第一名球员持球向前并在放球点假装Touch放球，顺势快速向一侧（先固定左侧或右侧）横向移动，并把身体（胸部）向内侧旋转，双手胸前保持好接球的动作，以做好接球的准备；第二名球员快速捡球并向前带动，在持球跑动4~5米（4~5步）时把球传给第一名球员（不能前传）；第一名球员再次接到球并加速斜向朝着下一个标志碟的位置跑动，依此进行循环练习。

（2）4名球员一组一球，20~30米宽的场地，两侧的两名球员为搭档。第二名球员持球向外侧斜前方假装Touch并放球，然后快速外移；边锋观察到持球球员斜跑时立刻跟进并捡球，加速向斜前方带动并传球给远端的二人组；远端的第二名球员拿到球后，变节奏向外侧斜前方带动并假装Touch后放球，边锋快速跟进捡球并在斜跑带动中再把球传给之前的二人组，依此模式进行循环练习。

（3）4名球员一组一球，在两侧两人组的推进配合中，可以把重叠、交叉、插上或隔人传等形式穿插到练习中，先从固定练习开始，循序渐进，随着熟悉度、默契度和能力的提升，逐渐增加难度，直至有意识地创造配合和随机配合。

（二）"三人推进"练习形式（触式橄榄球）

（1）3名球员一组一球，利用标志碟标示出一条直线，标志碟间距7米（Touch后防守方退后的距离）作为触碰放球点。第一名球员在标志碟处假装Touch放球并跨前一步（为传锋让出空间并阻止传锋捡球后向前跑动）站立；第二名球员降低重心俯身捡球并把球传给距离自己（横向距离）大概2~3米且加速插上接球的第三名球员，传锋传球后顺势跟随球的方向并选择第三名球员的位置站位；第三名球员在纵深位置加速接到球后变向斜跑,朝着地上的标志碟假装 Touch 并放球,之前的第一名球员变为传锋球员,进行捡球、传球,依此进行循环练习。

(2)6名球员一组一球,利用正规的比赛场地。三人组成小组为左侧、右侧进攻的搭档,中间可以适当拉开距离(根据球员能力自定),练习模式为:边锋持球向前并假装 Touch 放球,然后向外侧移动经验选位;第二人捡球并传球给第三人,第三人加速接球并带动,然后传球给远端的三人组。远端三人组成纵深队形排列,球依此传递至边锋位置,然后重复前面三人组的放、捡、传模式,依此进行循环练习。

(3)6名球员一组一球,可以把传接球配合中的交叉、插上和重叠形式加入练习中,先从固定配合形式开始,随着熟悉度和默契度及传球能力的不断提高,逐渐加大难度,直至可以有目的、有意识地创造配合和随机配合。

第八节　头上掷球技术

一、头上掷球技术介绍

这项技术主要应用于英式橄榄球比赛中的争边球(Line-out)环节,一般表现形式为:掷球手(通常是2号球员,术语称为"Hooker")站立于场外,双脚或单脚可以踩在边线上,双手把球举过头顶后把球投掷进场地内5米线后的争边球阵列。头上双手掷球技术可以说是英式橄榄球比赛中2号(Hooker)球员的专项位置技术。为了在比赛中赢得争边球,对2号球员的掷球技能提出很高的要求。头上掷球技术分为头上双手掷球技术和侧身单手掷球技术。

二、头上双手掷球技术动作分析

如图2-60所示,以右手为发力手为例。双手握住橄榄球平举于胸前位置,橄榄球的纵轴垂直于地面,双手五指适当紧张并分开,手指(中指)与橄榄球的纵轴垂直,发力手(右手)把握住橄榄球右侧球面的上1/2处,导向手把握住橄榄球左侧球面的下1/2处,手心空出,手指和指根接触球。把球举过头顶并屈臂定位于头后舒适位置，双肘成 90° 角，目视前方，核心稳定。投球时，屏息凝神，双手同时向前上方快速推传，发力顺序由下至上最后至手腕、手指，要求小臂、手腕、手指有拧转"鞭打"动作。投掷完毕时，双手平伸并朝向掷球的方向。

图 2-60　头上双手掷球技术动作

三、侧身单手掷球技术动作分析

侧身单手掷球技术，主要应用于美式橄榄球比赛中四分卫掷球给跑锋的环节，一般表现形式为：掷球手（四分卫）站立于保护自己的队友身后，找寻与跑锋配合的结合点，掷球的高度、远度、力度和位置要与跑锋的速度、位置非常吻合，具有高度的预判性，使跑锋在高速状态下接住如"子弹"般飞行的橄榄球。英式橄榄球比赛中也有这样的长距离投掷球，但不常见。

侧身单手掷球动作如图 2-61 所示，以右手掷球为例。右手五指分开，适度紧张，握住橄榄球的右外侧球面的上 1/2 处，左手辅助托稳球，屈臂使肘部呈 90° 角，把球定位于胸前位置，判断情况和找寻时机。掷球时，侧身略侧后仰身，左手指向要投掷的方向，右手、右臂和肩向右侧横拉、外翻，单手把球定位于右侧耳朵位置，肘部保持好 90° 角，球与头部间距大概一球距离，要求发力顺序由下至上，右腿蹬转发力，最后手臂、手腕、手指"鞭打"投掷，似投掷标枪般把橄榄球投掷出去。

图 2-61　侧身单手掷球动作

四、头上掷球的练习方法

双手头上掷球和侧身单手掷球,两种掷球形式的初期练习都可以采用"一对一"球员之间相互掷接球或球员对固定物投掷为主的练习方法。

(1)基本技术动作掌握规范后,投掷球的距离逐渐由近至远,以掷远为第一目标。强调发力顺序和协调用力,以使球员更好地体会对技术的理解和对球的细腻把控。

(2)以掷准为第二目标,可以利用高处的掷球击打目标或接球人站在高处接球或投掷空中的圆圈道具等方法进行练习。

(3)以稳定性为第三目标,主要是提高掷球球员的心理抗压能力。掷球过程中,不受场内外各种环境和人为因素的干扰,沉着冷静、笃定自信,要求掷球的命中率和对球的绝对控制(力度、高度、位置等)。

(4)练习头上双手掷球技术,在英式橄榄球比赛中积累实战经验。通过无数次与小争边球阵列(2~4名球员参加)、大争边球阵列(4~7名球员参加)的演练配合,提高快投、近点、中点、后点、移动点的技术实施把控能力,以及应对不同球员、不同高度、不同起跳速度等变化因素的自我适应与调节能力。

(5)头上单手掷球技术的练习,可以通过掷准击打远端固定靶位和近端移动靶位的游戏竞赛方法,提高球员掷球的力度、准度,同时提高球员掷球的预判性和及时性。然后通过与队友在比赛中的实战演练,积累经验,精准实施。

第九节 抗传技术

一、抗传介绍

英式橄榄球运动是一种入侵和躲避的游戏,通过不断地侵占(攻防)领地,将球向前移动(携带或踢球)到对方领土,并最终得分。最有效的进攻是持球球员利用空间躲避开对方的防守,带球向前或传球给空当的队友。然而,在开放式的比赛中接触是不可避免的,运用正确的抗传技能可以使球员突破防线获得进攻优势,可以帮助队伍守住领土,获得先机,保持连续、流畅的进攻。

抗传,从持球球员与防守球员发生身体接触开始,直到持球球员传球给队友后结束;或球无法传出并有进攻队友与持球球员连结在一起向前推进形成冒尔(Maul)后结束;或球无法传出,持球球员倒地后把球放在地上形成拉克(Ruck)后结束。

持球球员与防守球员发生身体接触,持球球员利用身体的强悍抵御防守球员的冲击、搂抱,尽可能保持站姿并驱动双腿尝试向前移动,双手持球力争摆脱防守球员的干扰,尽可能保持身体平衡状态并伺机寻找队友、寻求传球和支援;或远离防守球员一侧的手控球,另一只手对防守球员形成推挡或抵住其身体,在相互僵持、较劲的过程中寻找传球的机会;或持球球员在倒向地面过程中或已经倒在地上的短暂时间内,动作具有连贯性且球可控的前提下,依然可以把球传递给接应的队友。

二、抗传的定义和意义

抗传,字面理解就是身体对抗中的传球。意思是说,进攻持球球员在突破敌方防线时被防守球员阻截擒抱,彼此身体发生接触和角力对抗,从攻防双方发生身体接触到持球球员在球被封死或倒在地上放球的这段时间内,持球球员通过自己的经验和能力把球成功、有效地传给队友的行为。抗传,是经验变化下的非常规传球形式,是高水平球员应该

第二章 传接球技术

掌握的高级分化传球技能。特别是在七人制橄榄球比赛中,抗传的作用尤为显著,通过抗传统计表即可明显体现出来(表2-5)。

表2-5 抗传统计表

2018年亚洲女子七人制橄榄球系列赛香港站杯级决赛			
比赛时间:2018年3月			
总比分:中国女队 7:12 日本女队			
中国女队		日本女队	
技术环节	发生次数	技术环节	发生次数
传球	32	传球	28
抗传 成功	2	抗传 成功	5
抗传 失误	2	抗传 失误	0
倒地传球	0	倒地传球	2
小结:中国队总传球次数36次,日本队总传球次数35次。两支队伍的总传球次数仅差1次,日本队的抗传成功次数明显多于中国队,且没有失误;另外日本队还有2次倒地传球的行为。说明日本队的球员在身体发生接触后的抗传能力较好,寻求支援、快速应变的思想意识要比中国队活跃			
2018女子七人制橄榄球世界杯			
比赛时间:2018年7月21日			
总比分:中国女队 0:38 英格兰女队			
中国女队		英格兰女队	
技术环节	发生次数	技术环节	发生次数
传球	35	传球	37
抗传 成功	1	抗传 成功	4
抗传 失误	1	抗传 失误	0
倒地传球	0	倒地传球	0
小结:两支队伍的总传球次数仅差4次,但是英格兰却是大比分获胜,说明英格兰队的球员在个人动作能力方面要明显优于中国队。英格兰队有4次成功抗传,中国队只有1次,说明英格兰队在身体接触后控制球的能力和思想意识活跃度也稍优于中国队			

续表

2018 大洋洲七人制橄榄球锦标赛杯级决赛					
总比分：新西兰 12∶17 斐济					
新西兰				斐济	
技术环节		发生次数	技术环节		发生次数
传球		44	传球		32
抗传	成功	3	抗传	成功	8
	失误	5		失误	2
倒地传球		3	倒地传球		3

小结：终场时两队战成12平，加时赛中斐济队突破得分，最终赢得冠军。两队打法明显不同，新西兰队以传接球配合进攻为主，斐济队以个人动作能力突破为主，在传接球次数的差异上就可以明显体现出来。两支队伍的抗传次数差不多，新西兰队共计8次，斐济队共计10次，倒地传球均为3次，可见两支高水平队伍的观念意识都是非常强的。但是斐济队抗传成功次数明显高于新西兰队，这也是斐济队赢得比赛的关键所在，说明斐济队在抗传技术环节要比新西兰队略高一等

三、怎样做好抗传

英式橄榄球比赛中，防守球员实施阻截擒抱时，通常有两种动作形式。其一是防守球员低姿扑搂，准确、快速、强悍地搂抱住持球球员的双腿，想要第一时间让持球球员倒地并放球在地上，然后快速反抢球权；其二是防守球员高姿搂抱，企图把持球球员连人带球一起控制住，使其不能与队友传递配合、连接，然后等待防守队友前来支援，把球挖抢过来或是把球封死，致使球权转换。

针对防守球员的防守行为，持球球员应该具备以下技能才能把抗传做好。

（一）躲避

躲避通常是指身体的躲避和球的躲避，如图2-62所示。其一，是利用自己的身体动作能力，如急起急停、变向、步伐变换等动作，充分利用防守球员身体左右的空间。持球球员即使不能成功突破或摆脱防守球员的捕捉，也最好是形成低姿、侧面的扑搂，目的是在安全的前提下，

使防守球员不能控制持球球员腰部以上位置,以便持球球员更好地左右转身寻找队友实施传球。其二,是利用自己敏锐的观察和快捷的上肢移动,躲避防守球员对持球胳膊的束缚,例如防守球员高姿搂抱持球球员时,持球球员可以把胳膊快速上举或移动到距离防守球员的远端位置,利用防守球员企图再次调整搂抱位置的时间差,寻找到队友并把球传出去。

图 2-62 躲避

(二)手推

手推是一项难度很大,但抗传效果非常好的举措,如图 2-63 所示。攻防双方球员在相对等速或高姿相对对峙的时候,持球球员在防守球员企图擒抱自己的时候,快速侧身变化为单手持球(抱球或单手抓球),使球远离防守球员,腾出的另一只手快速前伸,抓住防守球员的胸前衣服(通常橄榄球服装都是紧身的,其他部位的衣服不容易抓到),近似直臂全力顶住防守球员的身体,使其不能近身擒抱。此时,防守球员通常会全力向前推动身体,同时抓打持球球员的胳膊,以争取摆脱持球球员的抓顶。防守球员也可能会顺势拉住持球球员的胳膊,借力向后坐倒,以便也把持球球员带倒到地上。持球球员在抓顶住防守球员使其不能近身干扰控球的同时,要快速寻找队友并把球传出去。

图 2-63 手推

（三）身体

这里提到的身体，是身体硬度和绝对力量，如图 2-64 所示。橄榄球运动员的身体就是钢板一块。的确是，就像拳击运动员，必须要具有一定的抗击打能力，橄榄球球员自然也必须具备。在橄榄球比赛接触中，持球球员首先要能够抵御和承受防守球员的强力冲撞和打击、擒抱，才能够在缠斗中做出成功、有效的抗传。

图 2-64 身体

（四）平衡能力

倒地不能玩球，是英式橄榄球运动的竞赛规则，如图 2-65 所示。这就要求持球球员在跑动中或接触中的身体平衡能力一定要超强，尽可能稳定好双腿，支撑向前，不到完全失去控制或没有队友支援配合时，绝不倒地认输。只有在接触对抗中把控好自己的身体平衡，才能使自己的

· 104 ·

传球准确、到位。记得前新西兰"全黑队"著名球星乔纳·鲁姆(Jonah Lomu)在进攻接触中锐不可当、所向披靡,也是凭借了他自身超强的身体平衡能力,在平时的身体能力练习时,他可以双腿站在瑞士球上做杠铃蹲起,可见其超强的身体平衡能力和稳定性。

图 2-65　平衡能力

（五）手控球能力

良好的手控球能力是非常重要的前提条件,手控球如图 2-66 所示。在攻防球员缠斗中,持球球员必须具备双手和单手持球保有球权和支配球的能力,特别是单手手指抓球、单手手腕扣球并能够及时、准确、力度适宜地传递给队友的能力,小臂、手腕、手指对球细腻的调控和变化形式对做好抗传有着非常重要的作用。

图 2-65　手控球

（六）倒地传球

倒地传球是抗传的最后机会，如图 2-67 所示。持球球员倒在地上的短暂时间内，如果没有被防守球员控制住，可以通过连贯、流畅的衔接动作把球传给队友的行为。倒地传球时不能向前传球。如果持球球员倒地后亦不能把球传出来，那就只能把球放在地上。倒地放球通常有两种形式。其一，持球球员孤军奋战，在没有队友支援和接应的前提下，持球球员倒地后，可以把球按压在身体周围任意位置的地上，然后立刻起身再次捡起球进攻。其二，持球球员倒地时有队友支援和保护，可以顺理成章地通过队友俯卧护球形成拉克（RUCK），保有球权的同时建立越位线。

图 2-67 倒地传球

（七）分化意识

球员想要做好抗传，必须具备高级的分化意识和思想活跃度，要在瞬息万变的情境下做到随机应变。高级分化意识是球员历经百战形成的。例如连续主动进攻的意识、主动与队友配合的意识、主动寻找队友的意识、面对困难把球传出去的意识、把球传准确到位的意识、变化传球动作的意识、敢于接受挑战的意识、勇于创造抗传机会的意识、保有球权的意识、自我保护的意识、把握一切可能性的意识等。

第二章　传接球技术

第十节　接球技术

一、接球简介

接球,英式橄榄球竞赛规则明确规定:接住球,继续进攻;接不住球且掉在身前地上,球权转换;接不住球但球掉落在身后位置,攻防双方公平拼抢。手接球与传球相辅相成,有传就会有接,传球者传球尽可能准确到位,不要使球落地,因为椭圆形的橄榄球落地后,很难判断它弹起的高度和滚动的方向,从而失去进攻先机,亦可能使队伍瞬间陷入被动困境,所以,传球者传球时要具有高度的责任感和使命感。

接球者应该接住准确到位的球,而且要干净利落,不拖泥带水,哪怕是力度大、球速快、不到位的紧急球、难度球。接住球,就会占据场上主动,接得快捷稳妥,就会赢得先机。接球者亦要尽可能接住在周身 2 米范围内的难度球,敏锐观察、快速反应,不论是双手还是单手,接住球就好。球员要熟悉、掌握球的特性,时常体会球在手中把玩的感觉,提高球技。

二、接球形式

(一)单手接球

单手接球原地或跑动中利用单手缓冲接球。特别是针对"不到位"的难度球,或不得已而为之的接球,可以采用外侧单手的方式接球,如图 2-68 所示。要求球员对球的判断非常准确,手对球的感觉特别好。单手接球可以是培养球员球感的一种方式,但在比赛或实际应用中,不提倡球员有意识地采用单手接球的方式,因为易造成掉球失误。

练习方法：

（1）自抛自接，这是最简单的方式，球员可以从胸前左右手的抛接球开始练习。球员两臂侧面平举，把球从左手抛向右手，右手等待并缓冲接住球。

（2）搭档配合练习，两名球员一组，互相之间进行传球和单手接球的练习。传球球员可以有意识地制造各种形式、位置的球，让接球球员进行单手接球，从增加力度和不规范传球方面逐渐增加接球难度。

图 2-68　单手接球

（二）手指抓球

五指张开，用力抓住橄榄球的鼓肚处，单手抓握住球，如图 2-69 所示。在比赛中出现在跑动、抗传、达阵得分时，手指要牢牢抓握住球，避免造成掉球失误或前掉球，失去球权。练习方式如下：

（1）左手或右手手指抓球，在胸前左右滑动，像擦玻璃、擦黑板的动作。

（2）前推后拉做推拉风箱般的动作。

（3）直臂大绕环，像车轮滚动般，要保证橄榄球在手中不掉落。

（4）跑动中采用手指抓球的方式，快速俯身触地达阵得分练习。

（5）在走动、跑动中，下蹲俯身，单手用手指抓球把橄榄球从地上抓起来。

图 2-69 手指抓球

（三）手腕扣球

单手直臂在胸前平举，手心向上，五指张开，托住橄榄球的鼓肚处，手腕内屈把球按压在小臂上，用力把球紧紧扣压在手和小臂之间。翻转手臂（手心向下时）时，球不掉落，如图 2-70 所示。在比赛中出现在跑动、抗传、达阵得分时，手和小臂要牢牢扣紧球，避免造成掉球失误或前掉球，从而失去球权。练习方式如下：

（1）左手或右手手腕扣球，在胸前左右滑动，像擦玻璃、擦黑板的动作。

（2）手腕扣球，把球放到背后，从下向上把球从对侧肩抛到身前，并接住球。

（3）手腕扣球，跪于地上，身体侧向伸展，进行前扑单臂前伸触地达阵的练习。

图 2-70 手腕扣球

（四）上手接球

英式橄榄球比赛中，通常都采用双手胸前抬起瞄准飞来球的形式接传球，称为上手接球，如图2-71所示。上手接球的技术动作分析如下：

（1）接球时，上体旋转并使胸部对着球传来的方向，眼睛要盯住球，双手胸前自然扬起，手心向外，手指展开并适当紧张用力，双手大拇指指尖几乎接触在一起，两根拇指和两根食指构成一个近似的矩形框，眼睛穿过矩形框瞄准橄榄球。

（2）尽量采用伸臂远端接球，接到球的瞬间，手指、手腕紧张抵住，小臂适当回撤缓冲。接到球后要快速调整球的握法，并双手持握于胸前或远离防守侧的单臂搂抱住球，准备应对接下来的情况。

提示：准备接球时，抬起的双肘自然舒适，适当前伸，不要过度外翻，也不要使手臂紧贴身体，接球时不要把胳膊完全伸直，否则会变得僵硬，难以快速调整，失去灵活性。

图2-71 上手接球

（五）低球胸抱接球

适用于雨雪天气和泥泞环境，有利于接住湿滑、沉重的橄榄球，也称为下手接球，如图2-72所示。低球胸抱接球的技术动作分析如下：

第二章 传接球技术

（1）接球前，调整双腿和身体朝向，使双脚前后开立，身体重心稳定，胸部正对着球飞来的方向，双手抬置于胸前，手心向上并朝向自己的面部，双手的小拇指指尖几乎接触在一起，小臂前伸使双肘离开身体（有利于接球时收肘缓冲），双手和胳膊在身前形成摇篮状。

（2）接球时，通过准确观察和判断，使橄榄球落入胸前臂弯处，同时夹紧肘部以防止橄榄球漏掉，犹如双手"捧水"般，借助双腿的屈伸和俯身、锁肩、收肘、收腹等缓冲动作把橄榄球揽入怀中。

提示：接球时要快速调整好脚步，稳定好身体重心。接到球后立刻从搂抱球状态变化为双手持球状态，准备好再次传递和自我保护的动作。

练习形式：

两名球员一组，一枚橄榄球。两名球员间距 5 米，彼此传球和接球。传球（立球或旋转球）位置不高于接球人的腹部，接球球员采用规范的胸抱接球技术接球。

图 2-72 下手接球

（六）高球胸抱接球

（1）原地胸抱接球时，首先要快速判断球的高度与落点，然后大声喊出"我的！"（或大喊 my ball）口令来提示队友，并快速调整脚步并移动到球的正下方或球的下落轨迹上，上步侧身，双腿前后开立。

（2）在接球的瞬间，双手一高一低迅速在胸前抬起并高过头顶，用高一点的手去瞄准（球、手、眼睛，三点一线）空中下落的球。当双手引导球接触胸部位置的瞬间，双臂呈摇篮状抱球并向下做缓冲动作，俯身缩肩并降低重心，保护自己。胸部抱球的简单步骤和关键字是：抬—夹—收。抬，是抬起双臂；夹，是夹紧胳膊肘；收，是锁肩含胸进行包裹缓冲。

提示：高球胸抱接球如图2-73所示，接球时切忌双腿平行站立，身体和胸部正对来球方向且直腿、高重心是非常危险的接球动作。

练习形式如下：

（1）两名球员一组，一枚橄榄球。两名球员间距5米，彼此高抛球和接球。要求：抛球高度不低于5米，接球球员保持好胸抱接球的身姿和技术，通过腰腹部控制后仰角度来接住球。

（2）挑战接球练习，抛球球员把球抛（或踢）至接球球员身后，接球球员边观察球的飞行轨迹，边转身胸抱接球，即追球接球。

提示：待球员掌握规范接球动作后，可以通过改变踢球高度和远度来增加练习难度。改变高度，可以提高球的下落速度，增加球员对高空球的观察、判断，可以巩固、提高球员规范动作接高球的能力水平；改变距离，可以变换球下落的不同角度，提高球员移动中快速调整身姿和臂型进行接球的能力。通过增加难度的接高球练习，以提高球员接球的综合能力和自信心。英式橄榄球比赛风雨无阻，球员当然也要在恶劣气候或环境下练习，特别是雨天、大风天，对球员的接球能力既是考验，又是挑战。高水平球员应做到处变不惊、稳如泰山，以不变应万变。

图2-73 高球胸抱接球

第二章　传接球技术

（七）鱼跃扑抢球

比赛过程中，橄榄球掉落在地上，攻防双方球员均可以飞身鱼跃去抢夺地上的橄榄球，从而获得控球权。当鱼跃抢抱到地上的橄榄球后，必须立刻起身或躺在地上把球推放置朝向己方得分区的地上，形似拉克（Ruck）放球般，否则会被视为倒地不放球，被判犯规。练习方法及技术动作分析如下：

（1）跪姿鱼跃扑抢球：一名球员和一枚地上的橄榄球。球员先采用跪姿的起始形式，距离地上的橄榄球大概1米远，身体正对橄榄球。练习时，俯身翘臀呈躬身前冲状，向前鱼跃时，伸展身体和手臂，双手握住地上的橄榄球时快速蜷缩身体，再把球放置在任何方向的地上，同时快速起身，双膝离开地面时再快速把球捡起来；或双手握住地上橄榄球时快速蜷缩身体，背部朝向进攻方向侧躺以掩护住球，并直臂持球把球放置在胸腹部前面的地上（似拉克 Ruck 倒地放球般），身体侧躺蜷缩在地上，然后双手快速在头后重叠保护住后脑，双肘夹紧头部太阳穴位置，保护好自己；或双手把握住球后，快速调整躺在地上的身体朝向，把球传给前来接应的队友。

（2）半蹲鱼跃扑抢球：半蹲或慢跑中进行鱼跃扑抢球，在场地条件允许（天然草地、沙地、软垫）的前提下进行练习，避免皮肤接触地面时造成擦伤。

提示：鱼跃扑抢球，主要应用于球在地上，且球处于球员进攻方向的前面或侧面，如图2-74所示。

图 2-74　鱼跃扑抢球

（八）侧滑揽球

比赛过程中，橄榄球被进攻方踢球至防守方的身后，防守方队员转身朝向自己方的得分区方向奔跑并去追赶球，在距离地上球或滚动中的球 3～4 米时，俯身并降低身体重心，侧身伸腿（左腿或右腿）领先身体，使髋部和大腿外侧接触地面侧滑，如同足球比赛中的铲球动作般，下肢与躯干形成"勺"状，利用双手把球揽抱到怀里，并借助向前滑行的身体惯性，双脚蹬地，远离地面的手抱球于胸前，地面近端的手用力撑地，立刻起身并进行摆脱、反攻，如图 2-75 所示。练习方法如下：

球员可以先进行初级动作的练习，如球员采用半蹲姿势，把右腿（或左腿）向前伸展，并顺势侧身侧躺，整个身体侧躺到地上，脖颈和胸腹保持紧张、稳定，双手抱住地上的橄榄球。待球员逐渐掌握规范动作或有一定心得体会时，再逐渐变化为慢跑中、快跑中练习。

提示：在适宜的场地上进行练习，如天然草地、泥地、雪地等比较柔软、易滑行的地面进行，尽可能避免皮肤擦伤。切记，不论是哪条腿向前伸展，脚都要向内侧收紧，避免鞋底（鞋钉）接触地面形成瞬间制动，强大的惯性会使球员脚踝骨折。

图 2-75 侧滑揽球

三、接球的基础练习方法

（一）抛接球

通常采用双手捧握橄榄球的持球形式，双臂胸前靠拢，自然伸展，双手呈捧握状把球围拢住，手心略相对。抛球时，屈膝下蹲，双臂下沉，借助双腿的蹬伸，身体向上伸展，双臂向上方快速挥摆，把橄榄球抛向头部的正上方，如图2-76所示。通常有三种抛球方式：其一，双手持球似传立球般，用力抛向空中的橄榄球保持稳定，无任何方向的翻转；其二，同样似传立球般的持球方式，在用力抛出球的瞬间，手腕、手指上挑，使球在空中以纵轴为轴，快速向后翻转；其三，双手持球似传旋转球般，用力抛向空中的球保持稳定且以横轴为轴，似子弹般向上旋转升空。要求控制好抛球的方向、高度，保持身体平衡。

1. 自抛自接

正确持球，自抛自接，可以逐渐增加抛球高度，挑战上手接球的能力。

2. 拍手接球

抛球后，胸前拍手1～5次后接球。

3. 前后拍手接球

抛球后，身前拍手+身后拍手+身前拍手后接球。

4. 拍身体接球

抛球后，双手拍大腿、拍胸部后接球。

5. 手脚协调接球

抛球后,左手拍右脚、右手拍左脚后接球。

6. 抗眩晕接球

抛球后,旋转身体 180°（或 360°）后接球。

7. 蹲起接球

抛球后,双手摸地后起身接球。

8. 移动接球

利用两个标志碟摆成直线或在地上画线,间距 2~3 米,抛球后,转换位置再接球。

9. 背后接球

双手把握住橄榄球的两个球尖,绕过脑袋把橄榄球固定在后脖颈(后脑勺下方)处,双腿平行开立站稳,屈膝俯身塌腰,双手同时松开橄榄球,使球沿着背部(脊柱)自然滚落;双手在松开橄榄球的瞬间,快速回收翻转至背后腰部,两手搭在一起呈簸箕状,接住滚落的橄榄球。

10. 挑战动作

胸前把橄榄球用力向上抛起,快速向前移动身体或转身,双手放在背后腰部位置把落下的橄榄球接住。

图 2-76　抛接球

（二）三角移动接球

利用标志碟（或球筐）标示出三角形状的三个点，其中一个点的地上（或球筐）放置 5～8 枚橄榄球，两名球员一组，一人始终传球，一人始终接球，也可互换传球和随意选择位置接球，练习形式如图 2-77 所示。

传球球员可以传立球或旋转球，力度随意可控，但要尽可能准确、到位。要求接球球员采用规范的双手接球技术，双腿前后开立，重心降低并保持稳定，胸部正对进攻方向（进攻方向为侧对的顶角方向）。其一是内侧腿在前，接球时，上体旋转并使胸部对着球传来的方向双手接球，要求传球球员准确到位地进行高质量传球；其二是外侧腿在前，整个身体朝向球传来的方向，提高接球球员的接球成功率。

接球球员接球后要把球按压在地上（或放入球筐），然后再次准备接球，待结束一轮接球后，接球球员快速跑至另外任意一点再次准备接球，依此进行循环练习。

提示：待球员具备一定水平的接球能力后，传球球员可以有意识地增加接球球员的接球难度。例如可以传低球、高球、左右移动下的接球或不规则翻滚的球，以及慢球、快球等。总之，越刁难接球球员的方式越好，以提高球员接难度球的能力。

图 2-77　三角移动接球

（三）四角接球转身后传

五名球员一组，利用四个标志碟标示出一个正方形框，四名球员分别站立在四个角落，其中两名相邻的球员各持一枚橄榄球，练习形式如图 2-78 所示。

（1）重点练习的第五名球员位于正方形的中心点，身体正对进攻方向（两名持球球员之间连线的中点）。

（2）中间球员若是接右上方的传球后要左后转身把球传给左后方的球员，若是接左上方的传球后要右后转身把球传给右后方的球员，然后即刻转身再进入下一轮接、传球，依此循环。

提示：中间接传球的球员在传完球后，要快速判断进攻方向，以调整自己的身体朝向。要求中间球员观察敏锐，头脑清晰，低重心，脚步调整快，传接球准确，可以变换传球手法，如立球、旋转球、单手传球、背后传球等。待中间球员接传球能力稳步提高后，四名辅助传球球员可以故意传难度球（不到位的球）刁难中间接球球员，也可以在四个点之间随意转移球，以提高球员对进攻方向的判断能力，提高球员在匆忙中处理球的能力，提高球员的专注度。

第二章 传接球技术

图 2-78 四角接球转身后传

（四）往返跑动接传球

（1）六名球员一组，利用四个标志碟标示出"菱形"。中间相对且距离较短的两个点为固定接、传配合点，间距 8～15 米；相对且距离较长的两个点为往返跑动传、接起始点，间距 10～20 米。

（2）两名球员位于两个固定点，主要是给中间交替往返跑动的球员传球、接球；四名球员分成两组，分别位于两个往返跑动起始点，主要是加速快跑，在高速下接球、传球，然后跑至对面的队尾，另一名球员接力再加速快跑，在接近固定点时接球、传球，依此循环练习。

提示：练习形式如图 2-79 所示，要求球员爆发力启动加速接球，在中间线前接球，到达或越过中间线后传球，口令提示清晰、洪亮，快速、准确地传立球或旋转球，但是不能前传球。

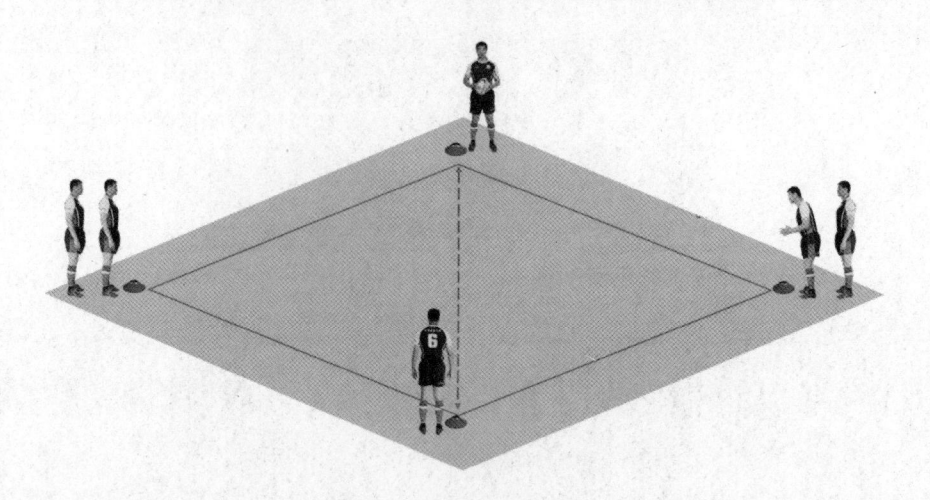

图 2-79 往返跑动接传球

第三章 踢接球技术

踢球技术是英式橄榄球比赛中攻防兼备的重要技术之一,是进攻方在触地达阵得分之后再次获得追加踢球射门得分或在开放式比赛过程中直接踢球射门获得比分的唯一方法,是决定一场橄榄球比赛胜负的关键因素,属于个人技术范畴。

随着英式橄榄球运动竞技形式的发展演变,特别是英式七人制橄榄球运动项目成为奥运会和中国全运会正式比赛项目之后,踢球环节的应用在竞赛攻防中逐渐被边缘化。被誉为手、脚、身体并用的全能运动,英式橄榄球项目在技术依仗上已经出现明显的不平衡发展。

本章节对英式橄榄球比赛中踢球的重要意义、多种踢球技术进行了分析、探讨,希望能为从事英式橄榄球运动的同行们提供有益的借鉴。

第一节 踢接球技术介绍

1842年,拉格比小镇(Rugby Town)上的一位名叫威廉·吉尔伯特(William Gilbert)的制鞋匠把四块牛皮缝合在一起,再将猪膀胱塞入其中,从而制造出了世界上第一枚橄榄球。最初人们就是使用这样的橄榄球进行比赛的,尽管椭圆形的橄榄球有利于球员抱球跑动,但是它不似圆形的球体那般重心稳定有规律,在比赛中对球员踢球和捡地上球造成了很大的困难。

中国目前在大力推广成为奥运会和全运会正式比赛项目的英式七人制橄榄球运动。七人制橄榄球项目是十五人制橄榄球项目的缩影,在场地大小规格不变的基础上,竞赛规则略有变动,原本上、下半场各40

分钟的十五人制比赛变化为上、下半场各7分钟的七人制比赛,时间短,强度大,增加了比赛结果的偶然性,场上比赛球员也从各自15名球员变化为对阵双方各7名球员。七人制球员的选拔更偏重于十五人制的后锋线,广阔的场地空间和攻防模式更贴近于灵活快速的后锋线球员的特点,更主要的是简化、更改了诸多专项技术环节、攻防观念和项目大原则的专属性。其中,踢球技术就是一项逐渐被各运动队边缘化的训练内容之一。

目前,各运动队的教练员执教水平尚且不高,能够合理、规范地进行踢球技术动作讲解、示范和引导的教练员更是凤毛麟角。教练员自身研究技术理论的能力不足,自然导致运动队训练的偏项,导致运动员个体竞技能力发展的不全面,致使在比赛中出现不可估量的局面。

国家项目管理中心和协会也因为不利于项目全面发展的技术偏项问题在国内比赛规则中做出了调整,希望通过奖励加分的方式来鼓励、督促,以求改变现状,但效果却不理想。

首先,因为自身存在专项技术缺陷的教练员不能很好地进行清晰分析、示范和指导,只是起到督促和监控训练的作用,踢球技能的实践经验完全依靠运动员自身进行摸索和探究,此过程需要付出大量的时间和努力来推进,最终结果也不一定如愿。

其次,踢球技能的理解与践行相对于传球和扑搂技能来讲,更加耗时枯燥,难以掌控,一般都是在正常的训练课前或课后依靠球员自身的自觉性进行额外训练,且需要教练员或同伴的协助,是一个非常艰辛的长期历程。试问,在国内的各专项代表队伍中,又有多少位可以在精疲力竭的训练课后再凭借自觉性进行加练的球员呢……

最后,球员想要具备高水平踢球技能,不是只靠教练员说说和球员刻苦勤奋就能做到的,还需要有一定的天分。

第三章　踢接球技术

第二节　踢接球技术的意义

英式橄榄球竞赛规则中对踢球环节有很大篇幅的讲解,踢球环节除了单纯体现个人攻防意识之外,还能体现整支队伍的训练水平。踢接球技术的内容如图 3-1 所示。

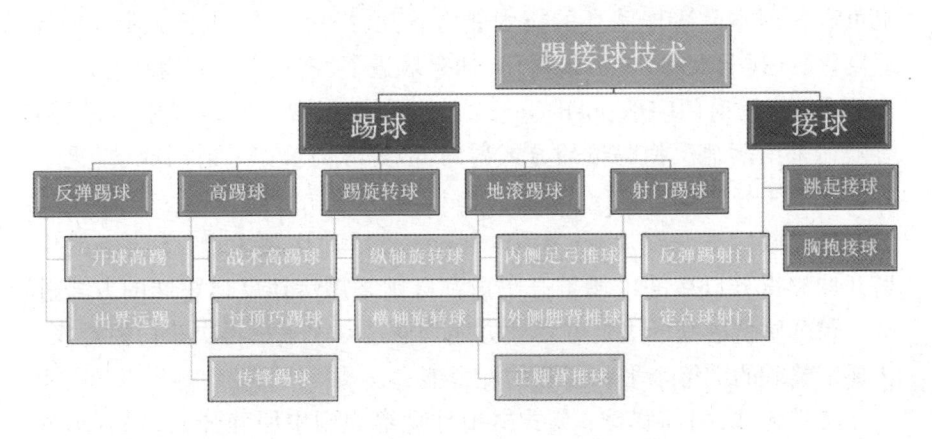

图 3-1　踢接球技术类析

一、踢球在英式橄榄球比赛中的重要性

英式橄榄球项目的竞赛得分方式有以下五种:

(1)达阵(Try),持球队员突破防线进入敌方的得分区,单手或双手持球触地,获得 5 分。

(2)惩罚达阵(Penalty Try),是在敌方阵线前,防守方严重犯规(暴行),致使进攻方有可能达阵得分的球失误,经裁判员商议后认定犯规成立,裁判员会直接跑到防守方球门下执行判罚,进攻方将直接获得 7 分。

(3)加踢射门(Conversion Goal),每次触地达阵得分后,再奖励进攻队伍一次追加射门。十五人制比赛中追加射门采用定踢,就是把球用球托或沙土固定在通过达阵的地点且平行于边线的线上（假想线）任意一点踢球，踢球人似足球守门员大脚踢门球般进行射门，如果球穿越矗立于对阵方得分线上的"H"形橄榄球门的横梁上方空间，表示追加射门成功，进攻方再得 2 分；而在英式七人制橄榄球项目和十人制橄榄球项目的比赛中，进攻方触地达阵后，则采用落地反弹踢球的方式进行追加射门，如果球穿越"H"形球门的横梁上方空间，表示追加射门成功，进攻方再得 2 分。

（4）罚踢射门（Penalty Goal），在比赛攻防过程中，防守方有严重犯规行为，被裁判判罚罚踢（Penalty）。如果犯规位置正处于防守方半场，那么进攻方可选择把球踢出更接近敌方达阵线的界外，获得纵向区域；也可以根据本队踢球队员的技术能力状况，采用定踢（十五人制）或落地反弹踢球（七人制）的方式射门，如果球进了，进攻方可获得 3 分。

（5）落踢射门（Dropped Goal），持球人在正常比赛过程中，可以随时随地采用落地反弹踢球的方式射门（敌方球门），如果射门成功，进攻方可获得 3 分。

英式橄榄球竞赛规则（World Rugby Laws）中要求上、下半场的中场开球和得分以后的中场重开踢球都必须采用落地反弹踢球的方式进行。踢球质量的高低决定着踢球方能否通过空中争抢再次获得控球权，体现了整队的训练水平和团队的配合能力。

向后传球，向前踢球：英式橄榄球竞赛规则中明确强调，保有球权方在进攻过程中必须向后传球，可以向前踢球，是手脚并用的综合性身体对抗项目。英式橄榄球比赛就像古代战场手持大刀、长矛的两军对垒，身高体大、勇猛强悍的前锋球员通过连续不断的集团攻击"蚕食"敌方的地盘，而快速灵活的后锋球员则可以通过个人动作或传球配合冲锋陷阵，获得纵向区域或突破防线达阵得分，更可以运用娴熟、巧妙的踢球技能获得更具纵深的区域或得分机会。同时，也可以通过自身比赛经验采取不同踢球技能来破解个人和局部压力以及解除兵临城下的全队危险。踢球在英式橄榄球比赛中具备攻防兼备的特点，如果一支队伍中有几名高水平的踢球队员，那无疑是如获至宝、如虎添翼。

踢球发生率：由于英式橄榄球比赛复杂多变，踢球方式也是应势而为，比赛中经常使用的踢球方式如碰踢球、高踢球、反弹踢球、定踢球、过顶踢球、传踢球、推踢地滚球、9 号（Scrum-Half）踢球、22 米反攻踢球、盘带踢球等。踢球环节从始至终贯穿比赛全场，是个人技术能力和

第三章 踢接球技术

全队战术组合的全面展示,使比赛更具观赏性和策略性、目的性。踢球技术水平的高低也时常决定着比赛的输赢,见踢球技术统计表3-1。

表3-1 踢球技术统计表

2017年英式十五人制橄榄球"四国冠军杯赛"踢球技术统计

比赛时长:80分钟

总比分:新西兰35:29澳大利亚

\multicolumn{3}{c}{新西兰男队}	\multicolumn{3}{c}{澳大利亚男队}
编号	踢球方式	发生次数	编号	踢球方式	发生次数
1	开球	6	1	开球	6
2	定踢射门	5	2	定踢射门	5
3	碰踢	13	3	碰踢	16
4	高踢	1	4	高踢	3
5	踢传	1	5	踢传	1
6	推踢地滚球	3	6	罚踢射门	1
\multicolumn{3}{c}{总踢球次数:29}	\multicolumn{3}{c}{总踢球次数:32}

比赛小结:两支世界上最好的队伍,相同的触地达阵次数,各得25分。新西兰队5次定踢追加射门全部命中,获得10分;澳大利亚队也是5次定踢追加射门,但是只有2次命中,获得4分;澳大利亚队还有1次罚踢射门的机会,可惜也没有命中。最终,澳大利亚队输在了个人定踢射门技术上

2018年世界七人制橄榄球系列赛(香港站)决赛技术统计

比赛时间:2018年4月7日,比赛时长:14分钟

总比分:斐济50:7新西兰

\multicolumn{3}{c}{斐济男队}	\multicolumn{3}{c}{新西兰男队}
编号	技术环节	发生次数	编号	技术环节	发生次数
1	传球	35	1	传球	33
2	踢球	17	2	踢球	4
3	扑搂	14	3	扑搂	21
4	拉克(Ruck)	4	4	拉克(Ruck)	7
5	斯克兰(Scrum)	2	5	斯克兰(Scrum)	2

英式橄榄球运动个人技术解析和专项技能练习方法

续表

| 6 | 争边球
（Line-out） | 2 | 6 | 争边球
（Line-out） | 0 |

比赛小结：两支世界上最好的七人制队伍，双方传球次数差不多，说明控球时长差异不大。新西兰队的扑搂次数明显多于斐济队，说明斐济队的球员突破次数多于新西兰队。斐济队的拉克（Ruck）次数少于新西兰队，说明斐济球员的个人动作能力和传接球配合能力优于新西兰队。斐济队的踢球次数明显多于新西兰队，说明斐济队善于观察，技术全面，打法灵活。综上原因，斐济队大比分获得胜利，原因主要体现在两方面，一是斐济球员的个人动作能力强，传接球配合好，擅于在困难情况下创造新机会，特别是抗传能力极强；二是斐济队球员善于抓机会，找对方的防守薄弱区域，随机应变，通过巧妙、有效的踢球技术打破对方的严密防线，获得优势

世界最高水平比赛的技术统计可以清楚地表明，英式橄榄球比赛中踢球的发生次数位列于传球、扑搂之后，属于多频率发生的个人技术，往往决定着比赛的结果。

二、踢球技术动作的讲解与探讨

开放式的英式橄榄球比赛，是个人与集体、智慧与力量的完美融合，充分体现出了该项目"勇往直前，前仆后继；我为人人，人人为我！"的团队精神。笔者（张志强）曾担任中国橄榄球队队长11年，期间也是队伍里的主力踢球手，被亚洲同行们誉为"亚洲第一脚"。之后担任中国男子橄榄球队主教练5年，担任北京男子橄榄球队主教练3年。通过在国家队平台的多年历练，在国际交流与比赛期间跟国际知名教练员和明星球员切磋沟通，例如新西兰七人制橄榄球队主教练Clark Laidlaw、澳大利亚Sunnybank橄榄球俱乐部主教练Gregory Burke、新西兰Taranaki橄榄球俱乐部主教练Willie Rickards、英格兰队主力踢球球员Jonny Wilkinson（传奇巨星）、斐济队队长Waisale Serevi等，取长补短，不断完善自己，并与队友们并肩进步。图3-2是在香港与Jonny Wilkinson一起训练后的合影。

第三章 踢接球技术

图3-2 中间球员：乔尼·威尔金森 Jonny Wilkinson（英格兰）

通过观摩、分析诸位国内外优秀球员在比赛中的踢球技术动作，并对自身在英式橄榄球教育教学过程中的经验进行总结，就英式橄榄球比赛中的反弹踢球、高踢球、踢旋转球、地滚踢球、射门踢球和接踢球技术等进行论述和探讨，以期为同行们提供借鉴。（说明：本文介绍的踢球技术动作均以右腿踢球为例。）

踢球技术动作的练习提示：踢球时，要大腿带动小腿进行挥摆踢球，不要弹踢小腿踢球，脚背压平（除巧踢球之外），身体必须保持稳定，眼睛始终盯住球。有步骤，有节奏地把控住球。保证每一步骤的正确性，才能保证最后踢球的有效性。踢球技术在合理、规范的理论指导下，要日积月累、坚持不懈、千锤百炼，形成动力定型，程序化操作，才能在紧张激烈的比赛中有的放矢、游刃有余。

综上所述，通过对英式橄榄球比赛中的得分方式、利益规则和踢球发生次数的概括总结，我们可以深刻地认识到踢球在英式橄榄球比赛中举足轻重的作用。踢球技能的精彩实施过程和人们对于踢球结果的复杂心理预期，已经成为橄榄球比赛中的一道风景，不仅提高了精彩抗争的竞技性、观赏性，更让人们时刻沉浸在成功与失败的悲喜情感之中，感受着体育比赛带给自身的深刻影响。踢球是英式橄榄球比赛中唯一具备攻防兼备的技能，是队伍赢得比赛胜利的强有力武器。所以说，掌握合理、规范、程序化的踢球技能是个人基本技术全面发展的必修课，是全队获得比分赢得胜利的保障，是更好地传承和发展这项全能运动的奠基石。

第三节　反弹踢球技术

反弹踢球,是英式七人制橄榄球比赛中开球和射门得分的单一形式,是每支球队踢球球员必须要掌握的踢球技术。反弹踢球主要有三种形式:开球式、射门式和出界式。反弹踢球的连贯动作展示如图3-3所示。

图 3-3　反弹踢球连贯动作

一、开球式反弹高踢球

英式橄榄球比赛中,开球的单一形式,主要是要求踢球的高度和落点,有利于开球方球员再次争抢球权。每支橄榄球队伍中至少有2~3名球员必须要掌握这一踢球技术,越接近机械化、程序化越好。其技术动作分析(右腿踢球为例)如下。

（一）半蹲持球

（1）半蹲持球如图3-4所示,双手持球,五指张开,加大对球的控制面积。

（2）右手为持球主导手,放置于橄榄球的右侧下方45°位置;左手为持球辅助手,放置于橄榄球的左侧中间部位,两手在橄榄球上的着力点要相对,双手都要用指尖的第一指节轻握住球。

(3)胳膊略弯并固定住不动,双手前伸使球的底部位置基本与膝关节平齐,保持好橄榄球的重心稳定并使纵轴(缝合线)垂直于地面,双腿自然站立与肩同宽,双膝弯曲呈半蹲姿势。

(4)眼睛盯住球,根据比赛情境要求,心中估算着球的落点、高度和摆腿的力度。

图 3-4　半蹲持球

(二)上步放球

(1)上步放球如图 3-5 所示,左腿自然上步,重心前移过渡到左腿,但身体重心不能起伏。

(2)胳膊固定不动,随着上步移动的节奏,双手同时松开球,使球的纵轴(缝合线)保持好与地面垂直的角度自然下落。

(3)球的落点在身体的正前方,领先左脚一小步的距离。球尖接触地面并反弹起来,保持球的纵轴与地面垂直。

(4)眼睛盯住球,观察球弹起的状态,同时控制好身体的稳定性,协调跟进。

图 3-5　上步放球

（三）摆腿踢球

（1）球弹起的瞬间至最高点期间都可以进行挥摆踢球，要根据需求、环境的具体情况变换踢球的快慢节奏和踢球力度。

（2）踢球脚接触弹起球的球尖时，脚面绷紧压平，不要勾脚。踢球结束后，身体重心上移，身体稍稍后仰，如图 3-6 所示。

（3）整个踢球过程中，眼睛都要盯住球，不要试图在踢完球的瞬间去观察踢出球的质量。摆腿和踢完球后惯性上扬的腿的方向要与既定目标的位置和方向一致。

图 3-6　摆腿踢球

二、射门式反弹远踢球

射门式反弹远踢,主要是针对极阵内的球门,要求踢球的距离和准确度,从而获得分数。不论是触地达阵得分后的追加射门(七人制比赛),还是开放式比赛过程,落地反弹踢球射门都是必须采用的踢球方式。该技术同样分为四个步骤。前两个步骤同开球式反弹高踢球的技术动作一样,半蹲持球时调整好身体朝向,可侧身对准(侧转45°)球门。松手放球时,相对于开球式反弹高踢球的放球位置稍远一点,有利于增加踢球腿的挥摆半径,从而加大踢球力度,使球飞得更远。摆腿踢球时的动作近似足球比赛中的守门员大脚踢球门球,斜向上横扫踢球,脚面压平绷紧,用脚趾与脚背的结合部位快速、准确地踢击球的下 1/2 处。踢完球以后,踢球腿要向着球门方向伸展,踢出的球其实是腿和脚的延长。保持身体稳定可适当后仰,但切忌身体随着摆腿旋转。

三、出界式反弹踢球

英式橄榄球竞赛规则要求:比赛进程中,持球人在 22 米线区域外,想要通过向前踢球出界获得领土,球必须是比赛场地内弹地出界,球权归对方且在出界点执行争边球;如果球直接出界,则要回到与踢球球员垂直的边线位置,由对方投掷争边球。

由于采用反弹踢球出界的整个踢球过程需要较长的时间,踢球点较低且飞行弧线低平,容易被对方球员拍阻下来,故在英式十五人制橄榄球比赛中偶尔会运用反弹踢球出界的技术,七人制橄榄球比赛中通常不用。

四、开球式反弹高踢球练习

(一)初期练习以自我规范技术练习为主

在中线中点开球的位置集中十几枚橄榄球,以开球式反弹高踢球的技术理论为指导进行自我反复练习。自己踢球自己捡球,如果有队友愿意一同进步,可以合作配合练习,既可以节省捡球的时间,亦可以相互督促、商讨、见证。球员必须制订切实可行的训练计划,例如每天必须完成 50~100 次开球式反弹高踢球练习,可以安排在全队训练前或全队训练结束后,需要球员有很好的自觉性。练习中要严格自律,认真对待和体会每一次踢球,勤思考、多请教、多交流,理论与实践相结合,坚持不懈,熟练掌握规范的踢球技术动作。

（二）中期练习以比赛要求质量练习为主

同样是在中场中点的开球点集中十几枚橄榄球,在规范掌握开球式反弹高踢球技术的前提下,根据竞赛规则和比赛需要进行自我反复练习。第一,符合竞赛规则要求。开球必须飞跃 10 米线,如果开球直接出界,或踢到达阵区内,或球滚动出死球线,都要回到中场开球点,球权归对方并执行自由踢(Free Kick)开始比赛。所以,开球首先要把球踢至有效位置。第二,满足比赛需要。若要成为队伍的开球球员,就必须要具备相应的开球技能。开球时通常有四个点位的变化,如图 3-7,即对方场地的右侧贴近 10 米线 2 米的地方有远端点(1 号点)和近端点(2 号点),在这两点的正后面 10~15 米的地方有后点(3 号点),最后第四点是距离开球点最近距离的 10 米线后 2 米的垂直点(4 号点)。为什么首先要选择对方场地右侧的区域？因为大部分球员都有左腿蹬伸起跳的习惯,右手是大部分球员的优势手,为了更好地跳起侧身去争抢空中的球,故首选右侧开球。 为什么要选择 10 米线后 2 米的点？因为开球必须要飞跃 10 米线,2 米是为了更好地保证球首先过线,然后是最近距离容易使本方争抢的球员尽快到达。第三,适应比赛变化的能力。开球球员不仅要满足队伍右侧抢开球的需要,即使需要快速转换到向左侧场地开球,也不会影响开球的质量。

（三）后期练习以实战要求实效练习为主

球员掌握了开球技能,就可以与全队一起配合训练了。根据教练员的要求或比赛演练的情境需要,开球球员要能够运用自如,对踢球的高度、远度、落点能够精准把控,通过约定的口令或肢体语言与队友沟通,默契配合,持续保有球权。

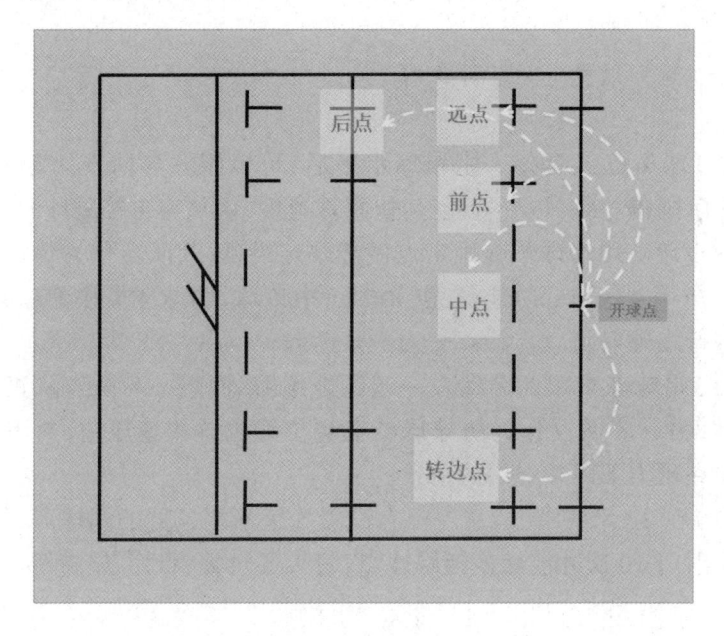

图 3-7　开球落点

五、射门式反弹远踢球练习方法

（一）初期以远度为练习目的

球员利用十几枚橄榄球进行反复踢球练习,以规范技术动作、全身协调发力为练习前提,尽可能地把球踢远。

（二）中期以准度为练习目的

（1）球员利用十几枚橄榄球,在正对球门 20～30 米的固定位置进行反复踢球练习,以射门踢准为练习目的。同时通过踢球,使球员固定踢球时的身体转向角度和细节处理,形成球员自身的踢球习惯。
（2）球员掌握正对球门射门的踢球技术后,要变换不同的位置点进行反复练习,踢球位置和射门角度通常以 22 米线为基准,越靠近中间位置踢球射门,踢球点距离球门越近。

（三）后期以稳定为练习目的

（1）球员已经具备一定踢球水平后,可以跟一名队友一起配合练习。此阶段踢球练习要尽可能加快踢球速度,由从容自控踢球向快速紧迫踢球过渡。踢球球员在固定点做好踢球准备,其队友作为传锋球员,假想从斯克兰(Scrum)或拉克(Ruck)中传球,踢球球员接到球时快速调整进行踢球射门。

（2）踢球球员跟两名队友一起配合练习,假想一名队友从正、乱集团传球,另一名队友作为防守球员在越位线位置快速压迫、封阻,模拟比赛中在压力下踢球射门的情景。

（3）在22米线沿线,从左至右设置5个不同位置的踢球点,每个点要成功射门10次才能够变换踢球点,每天要自觉、自律,坚持练习。

第四节　高踢球技术

一、高踢球介绍

高踢球,意指球员把球踢向与地面夹角至少为60°的高空,对踢球的高度、远度和落点进行精准把控的技术。高踢球,是英式十五人制橄榄球比赛中经常使用的踢球进攻方式,是非常重要的一项个人踢球技术。实施高踢球技能的位置球员,通常是传锋球员(Scrum Half)、飞锋球员(Fly Half)和殿锋球员(Full Back)。这种特殊踢球(战术踢球)进攻方式需要队友默契地跟进,有利于给对方施加强大的接球压力,从而造成对方接球失误而本方获得场地区域,或与对方球员进行空中争抢再次获得球权,或在混乱的情境下使越位的队友在位。

二、高踢球的技术动作分析(以右腿踢球为例)

（1）连贯的高踢球动作展示如图3-8所示，球员双手持球于腹前，并使球的纵轴（缝合线）与手指垂直，双臂几乎充分伸展。

（2）球员双手稍错开持球，相对于防守球员的位置来讲，踢球球员的外侧手把持住橄榄球的外侧上1/2处，内侧手把持住橄榄球的内侧中间鼓肚处，起到非常好的辅助、稳定作用。

（3）球员踢球时，眼睛盯住球，左腿上步，拉开摆腿距离，带动身体动量。双臂适当上抬，把球定位于胸腹部正前方，双手持球变化为外侧手单手抓握球，并保持好球的纵轴垂直于地面。

（4）球员松手放球时，身体重心转移到左腿上，要保持球尖精准的垂直角度下落到右脚的上方，球与脚的接触部位是球员右脚球鞋的顶部（脚趾和脚掌的结合部）。

（5）球员右侧腿的大腿带动小腿并向前送髋，以可控的力度摆腿踢球，脚面压平，爆发力踢击球的底部球尖，球向着天空飞去，球的纵轴（缝合线）在高空中向后翻转。

（6）球员踢球结束瞬间，踢球腿向着踢球方向惯性上抬，不要企图抬头观察踢球质量，要全身肌肉紧张，做好自我保护，避免和抵御防守球员对自身的冲撞。

提示：为了防止球员踢球时被对方球员拍阻，要采用接球侧身，远端手放球，一步摆腿的踢球方式。

图3-8 高踢球动作展示

三、高踢球的练习方法

（一）初期练习以踢高度为主

球员利用十几枚橄榄球，依据踢高球技术的理论指导，原地多次重复练习。提示球员踢球时要稍侧身踢球，心中呈现假想敌的位置，带着敌情观念练习。侧身踢球也会加大踢球摆腿的挥摆幅度，增加踢球的力量，尽可能把球踢高。

（二）中期练习以踢准度为主

球员利用十几枚橄榄球，设定好踢球的位置，然后在距离踢球位置的正前方 15 米、25 米、35 米处设置三个不同距离的纵向落点区域，落点区域可以是用标志碟围成的直径 5 米的圆圈，也可以是愿意配合踢球球员练习的队友，可以提高队友的接高球能力。练习时，首先要明确踢球落点的区域，例如前点、中点、后点（远端区域）。然后根据落点区域，控制踢球的角度、高度及力度，在尽可能踢高的前提下，争取落点到位，体会对球的细腻调控。

如果已经掌握三个纵向点的踢球控制，那就再在与踢球点距离 25 米远的地方设置三个横向落点区域，正对踢球点的落点区域可以称为中点，左右分别是左边点和右边点。落点区域同样是 5 米直径的圆圈或是队友，三个落点区域间距 15 米。踢球球员在尽可能把球踢高的前提下，使球落点到位，体会踢球时身体的朝向角度和摆腿方向。

（三）后期练习以战术要求为主

如果已经掌握了上述踢球技能，接下来就可以与队伍一起进行配合练习了。要根据踢球所处区域，决定是踢高球还是高远球；根据与前后锋的配合战术，决定是踢左侧还是右侧。根据场上战术要求，控制好踢球的高度、远度，关键是要跟追球队友的速度相结合。

第五节 过顶巧踢球技术

一、过顶巧踢球介绍

过顶巧踢球通常又称为"巧踢球",在七人制比赛中使用频率很高。如果实施踢球时判断正确,技术娴熟,对踢球动作的控制可以随心所欲,那么这种踢球后再重新获得球权的能力会达到意想不到的突破防线或直接得分的效果。巧踢球的技术动作跟高踢球差不多,主要是把踢球的动作幅度减小,突出一个"巧"字。隐蔽、快捷、出其不意,是巧踢球的关键,从而更快速更有实效地再次获得球权。

二、巧踢球的特点和技术动作

(一)行进间隐蔽踢球

行进间隐蔽踢球如图 3-9 所示,球员双手持球于胸腹前,在高速直跑或斜跑过程中突然实施出其不意的踢球。双手把球尽量放低,与踢球脚的距离更接近,身体突然半转,遮挡内侧防守球员的视线,双手持球变为远离防守球员一侧的单手持球,把球定位于身体侧面踢球腿的正上方,踢球的腿和持球手远离防守人,避免被对方拍阻,并起到一定的自我保护作用。

图 3-9　行进间隐蔽踢球

（二）侧身勾脚踢球

侧身勾脚踢球如图 3-10 所示，踢球瞬间，眼睛盯住球，单手持球，抓握住球的上半部分，使球的纵轴垂直于地面，勾脚鞭打小腿（弹踢模式）踢球（各种形式的踢球中唯一采用勾脚形式踢球的技术）。根据对场上情况的判断，决定踢球的方向、高度、远度，是踢给自己还是踢给队友，都要通过瞬间快速、正确的判断来把控、选择。

图 3-10　侧身勾脚踢球

（三）再次获得球权的踢球

不论是面对线的防守，还是面对一个人的防守，一定要沉着冷静，快速判断，方向、高度和落点要精准。踢球后敏捷地躲避防守球员的阻挡，快速跟进从而再次获得球权（空中接到球或找寻球落地后的第一、二落

第三章 踢接球技术

点），如图 3-11 所示。

图 3-11 再次获得球权的踢球

三、巧踢球的练习方法

（1）原地自踢自接，掌握踢球的规范技术动作。球员双手持球于腹前，双臂几乎伸直，双脚平行开立与肩同宽，身体稍前倾俯身，双膝略弯，降低重心。以右脚踢球为例，球员调整好准备姿势后，左腿向前上一小步，带动身体重心向前移动，双手持球向右侧横摆并变化为右手单手持球，右手抓住橄榄球的外侧上 1/2 处，球的纵轴垂直地面，定位于踢球腿的正上方。身体重量由左腿承担，右腿准备抬起的同时右手放球，保持好球的竖直状态自然下落，右腿小腿控制好爆发力弹踢，右脚适当勾脚接触球的底部球尖，把球踢到自己面前，然后双手接住球。

提示：原地自踢自接要反复练习，体会踢球时的身体协调用力和脚接触球的感觉。左、右脚都要掌握，可以逐渐增加踢球力量，控制好高度并且自己接住。

（2）跑动中自踢自接，掌握跑动中身体协调、隐蔽踢球的动作形式。掌握了原地踢球技术后，就要把这项技术同跑动速度结合起来。以巧踢球技术理论为指导，在跑动中自踢自接进行反复练习。跑动踢球时，球员要有意识地控制踢球的方向、高度和远度，与跑动中接球的速度完美结合。

（3）攻防压力下自踢自接,体会踢球时的时机把握和经验处理。踢球球员与2~3名队友配合练习。例如,球员依据比赛中斯克兰（Scrum）出球的形式各自选位,一名队友传球,其他队友作为防守球员对踢球球员进行防守、压迫,踢球球员接到球后,根据压防情况,经验地施展巧踢球技能。

第六节　传锋踢球技术

一、传锋踢球介绍

传锋踢球,也可以称为9号踢球,是目前英式十五人制橄榄球比赛中频频使用的踢球进攻和踢球解围的方式,是特殊位置（Scrum Half）球员必须要掌握的一项个人踢球技术。这项技术在七人制橄榄球比赛中通常不会出现,但在十五人制比赛中却是稳居踢球次数第一位。传锋踢球需要前锋队友的默契配合和边锋队友的快速追抢,有利于给予对方施加强大的接球压力,从而造成接球失误而获得场地区域,或通过追抢再次获得球权。

传锋踢球实施的主要情境和作用通常有两种。

其一,是队伍处于本方22米线前的区域进攻时,为了缓解压力和获得进攻区域,在本方形成乱集团拉克（Ruck）时,额外的两名前锋球员继续与拉克连接,这两名球员前后加扎在一起,拉长越位线中间的区域,以降低传锋球员踢球时的压力。这种情境下,传锋球员通常是踢高球。传锋球员踢高球的同时,边锋球员要快速启动去追抢球,要么尽可能接到球拿回球权,要么与对方球员在空中争抢球,要么在对方球员接到球的瞬间进行扑搂阻截。

其二,是队伍处于本方22米线之内或是本方达阵线前的危险区域时,此时如果形成乱集团拉克（Ruck）,同样需要2~3名前锋球员陆续加扎到已形成的乱集团中,以加长越位线之间的区域,为传锋球员踢球制造充裕的空间和时间。这种情境下,传锋球员通常是斜长踢球,把球踢至距离本方达阵线较远的地方,或使球出界以缓解队伍压力和解围。传锋球员踢斜长球解围的同时,也需要边锋球员（或速度快的球员）快

第三章　踢接球技术

速启动去追抢球,要么拿到球,要么空中争抢,要么进行扑搂阻截,要么确保球出界。

二、传锋踢球的技术动作分析

传锋踢球,通常是持球后撤回身踢球,主要是为了避开对方球员的快速压迫、封阻。比赛中连贯的传锋踢球动作展示如图3-12所示,其踢球的技术动作如下:

(1)由于对方球员的顽强抵抗和阻截,致使防守球员和本队2～3名球员与球一起倒在地上形成乱集团拉克(Ruck),形成攻防越位线。

(2)通过观察判断决定实施传锋踢球。此时,传锋会指挥附近站立的其他前锋球员陆续进入拉克,且前后加扎在一起以拉长攻防越位线之间的距离。

(3)传锋找到球并用脚把球从接近倒地球员的位置转移到拉克中最后一名球员的脚下,然后调整自己的身位,准备踢球。

(4)传锋采用侧弓箭步动作蹲在地上,前腿屈髋屈膝下蹲,前脚位于地上球的位置;传锋球员的双手把控住球,但不能使球脱离地面;传锋球员的另一条腿伸直并朝向本方得分区方向。

(5)传锋球员蓄力并调整好身体状态,突然前腿蹬伸,双手持球向本方得分区方向移动,前腿快速横跨过后腿的支撑位置,使身体回转稍朝向本方得分区方向,背对防守球员。与此同时,双手持球伸展至腹前并变化为单手定位放球,球的纵轴(缝合线)垂直于地面。

图 3-12　传锋踢球

（6）传锋球员眼睛盯住球，保持好身体平衡，大力抬摆后腿进行踢球。脚接触球的底部球尖，根据要踢球的高度和位置（远度以及落点）控制好踢球的爆发力力量和踢球时脚的形态，是压平脚背还是稍稍勾脚，如图 3-13 所示。

（7）传锋球员踢球完毕也要具有自我保护的意识，以防对方封阻球员的冲撞。

提示：传锋在中场区域踢球进攻的落点位置基本有三处。一是乱集团的正后方；二是乱集团后面贴近边线的位置；三是乱集团后面的开阔区域。不同区域，要有与之相应的球员快速压迫、追抢。传锋在本方危险区域踢球落点的位置选择,通常是使球出界,距离本方的得分区越远越好。

图 3-13 传锋踢球

三、传锋踢球的练习方法

传锋踢球的形式和目的比较单一,但是踢球质量的要求却很高。

(1)传锋球员可以利用十几枚橄榄球,依据踢球技术理论为指导,模拟比赛中的情境,设置好球的落点,通过原地侧弓箭步拿球到后撤回身踢球的踢球全过程进行反复练习,以掌握协调、娴熟、精准的踢球技能并在比赛实战中实施。

(2)增加一名进行干扰和拍阻的防守球员,以提高传锋球员踢球时的快捷和稳定。

(3)在一名防守球员的干扰和拍阻下,再增加 1~2 名本方的掩护球员,可以提前站立在传锋球员的前面,阻挡防守球员的向前,但不能故意移动身体或肢体阻挠防守球员,否则犯规,以提高传锋球员在任何情境下的踢球质量。

第七节　踢旋转球技术

一、踢旋转球的形式和定义

踢旋转球主要有两种形式，其一是纵轴旋转球，其二是横纵旋转球。球员踢出何种形式的旋转球，主要由放球时球在空中下落时的状态决定。

纵轴旋转球，是指球在空中飞行时似向后翻跟头般向前。此时，球下落时，橄榄球的状态是两球尖连线垂直于地面，踢球脚踢击橄榄球的下球尖，如图 3-14 所示。

横轴旋转球，指球在空中的飞行状态似射出的子弹般旋转向前。此时，球下落时，橄榄球的状态是两球尖连线平行于地面，踢球脚踢击橄榄球的中间鼓肚处，如图 3-15 所示。

图 3-14　纵轴旋转球

第三章　踢接球技术

图 3-15　横轴旋转球

二、踢球具体技术动作

（一）纵轴旋转球的踢球技术动作分析

即空中翻跟头球，以右腿踢球为例。

1. 持球上步

横轴旋转球如图 3-16 所示，球员双手持球于腹前，身体稍前倾俯身，双膝略弯。球的纵轴（缝合线）垂直于地面，双手持球稍稍上下错开，右手把持住球右侧上 1/2 部位，左手把握住球左侧鼓肚处。双臂几乎伸直，使球与身体保持一定的距离。上步带动身体产生位移动量，以加大摆腿半径和挥摆力量。

图 3-16 横轴旋转球

2. 定位摆腿

横轴旋转球如图 3-17 所示,球员踢球时,身体重量过渡到左腿,双手持球定位于腹前位置。眼睛盯住球,球脱离手的瞬间,用力抬摆大腿带动小腿,右脚脚面压平,脚趾和脚掌的结合部位爆发力踢击底部球尖,脚掌接触球时要绷紧,身体保持稳定。

图 3-17 横轴旋转球

3. 惯性伸展

横轴旋转球如图 3-18 所示,球被踢出后,摆动腿惯性向前、向上摆动且向着既定的方向伸展,球在空中以纵轴向后旋转的方式飞行。

第三章 踢接球技术

图 3-18 横轴旋转球

提示：根据既定目标和实际情况，决定踢球的力度和角度，通过摆腿速度和持球定位高度来决定球的远度和球在空中飞行的抛物线轨迹。可原地上步踢球，也可行进间踢球。纵轴旋转踢球通常运用在近距离踢球出界环节，其连贯动作展示如图 3-19 所示。

图 3-19 纵轴旋转球

（二）横轴旋转球的踢球技术动作分析

即空中飞行时如射出的炮弹般旋转的球，以右脚踢球为例。

1. 踢球站姿

横轴旋转球踢球如图 3-20 所示，球员双手持球于腹前，身体稍前倾俯身，双脚并拢，双膝略弯降低重心。双手手指自然张开并左右把握住球，手心相对，手指（以食指为准）平行于球的纵轴（缝合线）。

图 3-20　横轴旋转球踢球

2. 双手持球

横轴旋转球踢球如图 3-21 所示，球员翻转小臂，形成上、下手托握住球，球的纵轴与托球的手成 45° 角。右手在下托住球的中心位置并使球靠近身体的一端球尖稍稍扬起，有一个小小的角度，左手在上稳定好球。

图 3-21　横轴旋转球踢球

3. 单手放球

横轴旋转球踢球如图 3-22 所示，球员准备踢球时，把球稍稍横移定位于右脚的正上方位置，松开上面起稳定作用的左手，双手持球变为单手托球，右手保持瞬间稳定定位并突然松开，垂直下落时球的角度保持 45°不变，且球的纵轴平行于地面。

图 3-22　横轴旋转球踢球

4. 抽摆踢球

横轴旋转球踢球如图 3-23 所示，球员左腿支撑身体重量，右腿保持稳定并加速抽摆。脚是重点，脚面一定要压平、绷紧。脚面（脚趾和脚掌的结合部位）接近碰撞球时，球的角度保持不变。不能空中抛球，而是松手使球自然下落，保持好脚和球下落的最大稳定性。全身协调用力，抽摆腿爆发力踢击球的鼓肚处。脚踢击球底鼓肚处的位置，恰好是手托球的位置。

图 3-23　横轴旋转球踢球

提示：踢出高质量球的前提是放好球。右脚依然是踢球的重点。右腿伸直、送髋，不要弯曲，身体稍稍后仰，脚面爆发力踢击球的鼓肚处（右手手托球的位置），腿随着抽摆惯性抬高，体会一种球被撩出去的感觉，使球旋转起来。踢球的整个过程，眼睛都要盯住球，踢球的瞬间不要抬头寻找球的去向，容易造成动作变形。踢出球的高度（抛物线）可根据定位放球的高度进行调整。比赛中连贯的横轴旋转球踢球动作展示如图 3-24 所示。

图 3-24　横轴旋转球踢球

三、旋转球的练习方法

（1）要切实掌握踢球的规范技术动作，特别是放球和踢击环节。球员可以先进行原地多球近距离踢球练习。通过一次次的体会、理解，逐步找到使球旋转起来的窍门。

（2）在让球旋转起来的基础上，可以与一名队友进行相互踢接配合练习，并逐渐加大踢球力度、远度，直至最大距离。高水平球员可以踢70～80米远的距离。

（3）掌握了踢旋转球的技能后，进行实战模拟练习，积累经验，以备在比赛中有的放矢、游刃有余。模拟练习有两种方法，其一是以边线为基准，在场地的不同位置，把球踢出界；其二是与队友配合练习，一名队友从假想的正、乱集团中出球，另一名队友作为防守球员在有越位线的前提下进行快速压防，踢球球员在接球同时面对防守压力和封阻下踢球出界或踢至对方后场位置。

提示：旋转球在比赛中的应用，通常有两种情况。其一，在本方半场区域内获得罚踢（对方严重犯规）的机会，球员可以通过踢远距离的旋转球，把球踢出边线，获得巨大纵深的进攻区域，由本方球员在球出界的位置投掷球进行争边球。这种踢球形式需在约20秒的时间内完成，踢球球员可以充分准备，从容应对，踢球质量放在第一位。其二，在本方22米线内或得分线（极阵）前，本方获得正、乱集团中的球权，传锋球员把球传递给踢球球员，踢球球员利用远距离旋转球把球踢出界或踢至对方后半场，为本方解压、解围。这种踢球形式处于开放式比赛中，防守球员严阵以待要进行压迫、拍阻，欲与传接球比速度，此时踢球球员压力巨大，需要接稳球并快速调整身姿，决定踢球方向，在紧迫压力下踢球解围，刻不容缓，将踢球解围放在第一位。

第八节　踢地滚球技术

一、地滚球介绍

英式橄榄球竞赛规则中明确规定，允许球员向后传球进行传递配合，也允许球员向前踢球进行踢传配合，因此，内侧足弓推球、外侧脚背推球、正脚背推球这三种踢地滚球的技能，都是非常好的向前推进获得地域、突破防线、与队友配合的进攻踢传形式。地滚球，简而言之就是踢出去的球在地面上跳跃着向前滚动，似打水漂般时起时落。这种方式利于队友在高速下捡抄球。地滚球是英式橄榄球比赛中时常采用的踢传方式。

二、各项踢地滚球技术动作分析

（一）脚内侧足弓推球

（1）球员准备踢球时，双手持球（原地或跑动中均可）于腹前，球的纵轴平行于地面，决定踢球的意图并观察好踢球的方向。

（2）球员的眼睛要盯准球，调整好脚步，双臂前伸变单手定位并放球，保持好球的纵轴（缝合线）平行于地面自由下落。

（2）球员的身体稍侧转，踢球腿膝关节外翻，脚掌跟随着膝关节外翻而成为脚内侧足弓对准球，脚腕绷紧并略勾脚，似高尔夫球杆杆头状。

（3）球员的踢球腿送髋向前摆动用力平推，脚内侧足弓接触球的近端球尖部位，使推送出去的球的纵轴向前翻滚并接触地面，似打水漂般向既定方向和目标滚动。

（4）球员推球结束瞬间，推球腿要向着既定方向伸展，并顺势变换为正常的跑动姿势，跟进球再做配合和援助。

提示：踢球期间，球员的精神要高度紧张，踢出高质量球的同时不忘自身安全，做好防冲撞的准备。脚内侧足弓推球的动作展示如图3-25所示。

图3-25 脚内侧足弓推球

第三章　踢接球技术

（二）脚外侧脚背推球

（1）双手持球（原地或跑动中均可）于腹前，球的纵轴平行于地面。快速判断决定踢球的意图并观察好踢球的方向，通过喊声或肢体语言或眼睛交流与队友快速沟通。

（2）眼睛盯准球，调整好脚步，双臂前伸并瞬间变成单手抓握球，定位于踢球腿的外侧，尽量远端放球并使球自然下落，保持好球的纵轴平行于地面，且两球尖与目标点连成一条直线，即球尖要对准观察好的既定位置。

（3）身体保持稳定，脚面压平并内扣绷紧，采用抬大腿、鞭打小腿的动作模式，外侧脚面短促、有力击打橄榄球的近端底部 1/2 处，使球向前翻跟头滚动。

（4）踢出球的第一落地点（弹地点）根据要达到的距离决定，主要取决于抬腿高度和踢球力度。

（5）踢球结束瞬间，踢球腿要向着摆腿方向伸展，并顺势变换为正常跑动姿势，跟进球再做配合和援助。

提示：踢球期间，球员踢球时要根据队友的跑动速度和位置，做好踢球提前量预估，争取在球与队友的结合点处做到无缝衔接。脚外侧脚背推球的动作展示如图 3-26 所示。

图 3-26　脚外侧脚背推球

(三)正脚背推球

正脚背推球,也是非常好的向前推进获得地域、突破防线、出其不意与队友配合的进攻踢传形式。正脚背推球,可以直接把球推传给队友,也可以采用落地反弹踢的形式把球踢出去。后者踢球即使队友没有抄捡到球,也可以让球直接出界,因为是落地反弹踢球,出界后在出界点由对方投掷争边球,亦可获得一定的区域。这也是英式橄榄球比赛中时常采用的踢球方式之一。比赛中连贯的踢球动作展示如图3-27所示,其具体踢球技术动作如下:

(1)双手持球,踢球定位时把纵轴几乎与地面垂直的球放在同侧手和同侧腿的位置。

(2)放球瞬间变成单手持球,保持球在腹部或大腿部稍低的位置,身体重心稍稍向前。

(3)眼睛盯准球,垂直放球到地面,球刚刚落地时,右膝弯曲,几乎跟球平行。

(4)绷紧压平脚面,摆抽(小腿弹踢)球的鼓肚部位,脚要压低向前平推踢球并送髋前伸,使球沿着地面滚动。

(5)踢球结束后,借助前伸的腿继续向前追球并争取再次获得球权,或踢传给队友进行捡抄,或使球出界获得区域。

提示:踢球结束后,注意自我保护和躲避防守球员的故意阻挡。

图3-27 正脚背推球

三、踢地滚球的练习方法

（1）这几种踢地滚球的技术，在初期学习阶段，都可以先采用原地上步踢球的方式进行练习，但是一定要严格按照技术动作要求规范进行。

（2）基本掌握原地踢球技术动作以后，可以跟队友配合练习。两名球员拉开间距，依据比赛中踢球进攻的规则，踢球球员根据队友的位置练习不同的踢球方式，准备追接球的球员不能越位，不能在踢球前超越踢球球员的位置，踢球球员要根据队友的速度和踢球的方向预估踢球的提前量，做到恰到好处。

（3）模拟比赛中，主动制造踢球机会，积累经验。

第九节　定点球射门技术

一、定点球射门的定义和介绍

定点球射门（Place-kick），意指球被定点放置在地上（或球托上）之后再踢球射门的状况。定点球射门主要由两种形式获得，其一是裁判认定防守方有严重犯规（Penalty）时可获得，射门成功得 3 分，在球队表示射门意图后 60 秒内（比赛时间）必须踢球，即使球滚倒也必须再次放置球；其二是达阵得分以后的追加射门可获得，射门成功得 2 分，达阵获得承认后 90 秒（比赛时间）内必须踢球，即使球滚倒也必须再次放置球。如今的定点球射门主要是在十五人制比赛中实施，而七人制比赛中为了节省比赛时间，通常都采用落地反弹球射门。定点球射门时，为了获得球的稳定性，可以采用专属的球托（Kicking tee）或沙土把球支架起来，球托的高低和形状可以按照自己的习惯选择，但必须是由国际橄榄球组织官方认证或比赛组织方提供、批准的器材。

二、定点球射门技术动作分析

以严重犯规获得定点球射门为例,以右脚踢球为例。

(一)判断选择

首先判断裁判给予的踢球点到球门的距离和角度是否适合自己的技能,然后决定是否选择定点球射门。如果选择定点球射门,明确示意或告诉裁判员,裁判员会做出射门的指示。当拿到赛场服务人员送来的球托(自己提前送交给组织方或本方队友送递)时,裁判员开始计时,通常整个射门过程不能超过60秒钟。

(二)安置球托

球员在踢球点后面蹲下来,一手抱着橄榄球,一手拿着球托,把要放球托的地方整理平整,稳妥地把球托固定在地上,并用手左右摇动和上下压实一下,确保球托的稳定。

(三)放球瞄准

如图3-28所示,双手持球,单膝跪地,依据自己的日常训练习惯把球固定在球托上(放置球的方式有很多,可以纵轴垂直放置;可以使球稍向球员的身体方向后仰放置;可以上球尖前倾指向球门、后球尖露出球托的前倒球放置,这需要有高低不同支点的球托辅助),最重要的是要保持身体正对球门,身体—球—球门,处于一条直线状态。

提示:如果球员踢球时,飞行中的球有一定的向左弧度,那在场地右侧位置踢球时,可使三点瞄准的直线对准右侧门柱;如果是在场地左侧位置踢球时,同样要使三点瞄准的直线对准右侧门柱。当然,有时也要考虑风向及风力大小的因素。

第三章　踢接球技术

图 3-28　放球瞄准

（四）位置确认

固定球完毕后，站立起来，看准踢球时脚要接触的部位，并依据自己的训练习惯用脚模拟、测量一下踢球时支撑脚和踢球脚的位置，然后站定；也有的球员不需要场景模拟，站立起来之后直接双腿并拢站立在球的后面，再次对球门进行瞄准。

（五）习惯测量

助跑加速的距离和步数通常有两种测量形式。其一是球员在球后根据已经调整好的支撑脚和踢球脚的位置及身体的侧转度，保持稳定状态下直线后退。后退的过程中，眼睛要盯准脚接触球的部位，并依据平时的训练习惯，调整好后退脚步的大小和距离，并默念脚步数，待到达自己的既定位置后，挺身站立，如图 3-29 所示。其二是双脚并拢平行站立在球后的球员，保持身体—球—球门三点一线的状态下，依据自己的训练习惯平稳后退，后退时眼睛盯准球，心中默数后退的脚步数，待到达自己的既定距离位置后，挺身站立。然后再依据自己的训练习惯，以球为圆心向左横移，通过步伐的大小和步数到达既定位置，挺身站立。

图 3-29　习惯测量

（六）自我调整

心理状态、情绪的调整,亦可说成"祈祷",球员要让自己保持沉着冷静、稳定自信,并把成功射门的技能要点在脑海中模拟。这时球员通常会选择一种自己最舒服的准备姿势,通过 1～2 次深呼吸,调整好自己的呼吸节奏,稳定心神。有的球员(如英格兰球星 Johnny Wilkinson)会半扎马步,双手手心向上胸前半握拳叠放,似要打高尔夫球般;有的球员身体前后摇摆;有的球员干脆直立不动……他们都会在准备姿势中,眼睛看看球,再看看球门……最后眼睛聚焦在球上不再移动。

（七）模式驱动

踢球启动时,所有的个人准备姿势习惯都取消掉,稍稍降低身体重心,眼睛盯准球,保持好自然、协调的身体由慢至快平稳向前移动,似设定好固定程序的机器人一样进行精准操作。支撑脚的脚尖指向球门,踢球腿拉开距离大半径挥摆,大腿带动小腿,脚(稍勾脚踢球或压平脚面踢球均可,依据个人训练情况自定)精准踢击要接触的球的部位,如图 3-30 所示。

第三章 踢接球技术

图 3-30 模式驱动

(八)踢球结束

如图 3-31 所示,结束瞬间不要试图抬头去观察球的质量,身体保持稳定,踢球脚跟随球伸向球门方向。不论射门是否成功,都要捡起球托并礼貌地交还给在一旁等待的赛会服务人员(或替补席队友),然后根据裁判员的指令回到有效位置。

图 3-31 踢球结束

提示:通常在球门附近达阵得分之后的定点球射门位置距离球门和达阵线比较近,失分队的队伍会挑选出一或两名速度快的球员出来封阻射门。这就要求执行定点射门的球员要尽可能缩短助跑距离,有时可能只退后 1 步(或 2 步,根据自己练习习惯自定)。测量完助跑距离站定后,射门球员只要开始助跑踢球,失分方的球员就可在达阵线后距

· 159 ·

离定点球最近的位置(或正对射门球员以给予视觉和心理上的压力)启动加速进行跳起拍阻射门踢出的球。故短距离定点射门技术也得加强练习。

三、定点球射门的练习方法

(1)初期练习定点球射门技术时,固定摆球的位置最好设置在正对球门的 22 米线前后。这样便于球员在寻找、体会侧身角度和后退角度时更容易进行数据参考,踢球的摆腿轨迹和球的飞行轨迹更容易进行校准,逐步形成自己的测量、校准习惯。

(2)待掌握正对球门位置的定点球射门技术后,为了适应比赛的需要,就要变换不同的位置进行练习。此阶段主要以 22 米线为基准,在不同位置进行反复练习,提高定点球射门的准度(命中率),巩固球员的基础技能;然后可以在 22 米线外的任意位置进行练习,提高定点球射门的远度,促进球员比赛技能的增长。

(3)压力下练习(近距离封阻和 60 秒倒计时)。踢球球员在队友的配合下进行比赛模拟练习。例如近距离定点球射门时,一定要有队友扮演防守球员,在达阵线上严阵以待、蓄势待发,在踢球球员开始驱动身体准备助跑加速踢球的瞬间,从达阵线上快速启动压防并高高跳起封阻其射门,给予踢球球员施加压力。又如远距离定点球射门时,要模拟、结合比赛时的情境,严格掌控 60 秒以内完成踢球。

(4)踢球球员不仅要掌握娴熟的射门技能,还要有超好的情境抗压、抗干扰能力,以及克服恶劣自然环境的能力,例如在大雨滂沱、大雪纷飞、狂风大作、暴晒闷热、泥泞湿滑等条件下进行定点球射门,要经得起考验,不辱使命。这种情境下可以请队友帮忙稳住球之后再射门。定点辅助射门如图 3-32 所示。

图 3-32 定点辅助射门

第十节 接踢球技术

一、接踢球的定义和介绍

接踢球,意指球员个人或在队友的配合下,通过原地、跳起或托举起的方式接住踢来的球的行为。

接踢球时,首先要观察球的方位、高度,预判断球的下落轨迹、落点。然后大声喊出"my ball!"(我的球!)的口令来提示队友;或依据比赛规则,针对在本方22米线内的球,接球时可以通过大声喊"Mark!"来停止比赛,获得自由踢(Free Kick)的机会。不论哪种喊声,接球动作是一样的,球员都要迅速跑到球的正下方(高球)或球的下落轨迹上。上步侧身,双腿前后开立,尽可能使自己的身体侧面或侧背部对着防守方,膝关节弯曲降低身体重心,做好自我防护。当然,有时候也需要接球球员跳起接球。

根据踢球的形式不同,通常会采用两种形式,其一是双手上手接球,即双手头上直臂如接篮球般接球,主要针对开球(Kick Off)环节或难度较小的踢球;其二是胸前双手揽抱球,即双手在胸前形成如装载婴儿的摇篮状接球,主要是针对速度快、高度高、力度大的踢球。两种接球形式均可以采用站姿接球或跳起接球。

二、接踢球注意事项

（一）跳起双手头上接球

跳起双手头上接球（主要针对开球环节的反弹踢球）时，要注意以下几方面的细节处理：

（1）判断好球的落点，快速到达预判断的位置，眼睛盯准球，上步或垫步迎着球冲跳，空中伸展身体和手臂，身体稍稍后仰。

（2）举起的手臂适当紧张，肘部略弯，以更好的缓冲球快速下落时的动量。

（3）判断球的落点时，使球稍稍在头上稍后的位置，双手在球下落的轨迹处接球，接到球的瞬间最好继续保持在球下落的自然轨迹上，以缓冲球的动量。

（4）跳起时要侧身或接到球的瞬间侧转身，以保护好自身不受伤害。

（5）如果是举托接球，跳手稍后仰，展直身体，以坐姿或斜平躺的身体姿态保持在举托人的上举双手上，双肘略弯，接球于头上后部位置。

提示：一些常犯错误要注意规避：原地起跳接球，判断球落点在胸前，伸出的双手和下落的球处于相对运动状态，动量碰撞激烈，容易掉球；胸前位置接球，眼睛的余光可以观察到前来争抢球的对方球员，造成接球注意力不集中和惧怕冲撞受伤的心理，导致掉球。

图 3-33　跳起双手头上接球

第三章　踢接球技术

（二）跳起双手胸前接球

跳起双手胸前接球（主要针对踢球进攻环节中大力、长远或高空踢球）时，要注意以下几方面的细节处理：

（1）在快速移动中判断球的落点并调整速度和脚步以求找到最佳的胸部与球的空中相遇点。

（2）眼睛盯准球，根据球的下落轨迹和角度的不同调整跳起的方向和身体的仰俯角度，左腿（或右腿）提膝在腹前，以保护自己免受冲撞，但不能把小腿前伸，避免对争抢人造成伤害。

（3）判断球的落点为自己的胸部，胸与球为相对运动，双臂在胸前呈摇篮状，强硬地把球揽抱在胸前，不能缓冲以免造成失误。

（4）接住球的瞬间要抱紧球并团缩身体（空中或落地瞬间），准备迎接空中的身体对抗和落地后的强悍扑搂。

提示：竞赛规则要求，持球球员在空中时，防守球员不能对其进行防守，故接球球员要敢于起跳，自信接球。

图 3-34　跳起双手胸前接球

（三）胸抱接球技术

胸抱接球技术的细节处理：

（1）原地胸抱接踢球时，首先要快速判断球的高度与落点，然后大声喊出"我的！我的！"或"my ball"的口令来提示队友，并迅速跑到球的正下方或球的下落轨迹上,上步侧身,双腿前后开立,手指自然张开。

（2）在接球的瞬间,双手一高一低迅速高过头顶并用稍高些的手瞄准球。双手要在胸前固定,用胸部去寻找球的落点,双手引导球至胸前且胸部接触到球的瞬间,含胸锁肩,双臂呈摇篮状抱球并向下做缓冲动作,双手封盖住球并降低身体重心,保护自己。

（3）胸抱接球的关键点在于：抬（举臂）—夹（夹肘）—收（缓冲）。

提示：接球时,球员切忌双腿平行站立,身体和胸部正对来球方向且直腿、高重心,是非常危险的接球动作。如果采用这样的接球身姿,在遭遇到对方的防守时,会被冲撞得人仰马翻,严重时甚至会造成脑震荡。如何发现和警觉错误动作呢？在接球准备时,球员如果看到自己抬起的双臂双手在胸前一样高,那就说明接球球员的身姿是正对来球方向,是错误的,要及时调整。

图 3-35　原地胸抱接球

第四章 扑搂技术

第一节 扑搂简介

扑搂(Tackle)是构成英式橄榄球比赛中攻防双方身体发生接触和对抗的最小单位,是乱集团形成的起始,是斯克兰(Scrum)组架、冒尔(Maul)的顶推、拉克(Ruck)清铲的动作基础,是队伍反抢球权、由守转攻、克敌制胜的法宝,是比赛中仅次于传球的、频繁发生的个体动作行为,属于个人技术范畴。

扑搂能力水平的高低不仅是个人技术、勇气、经验的展示,更是与队友主协防配合、默契担当的智慧写照,是团队训练有素、勇猛顽强、立于不败之地的强有力武器。

英式橄榄球竞赛,由斯克兰(Scrum)、争边球(Line-out)、冒尔(Maul)、拉克(Ruck)、开球(Kick off)与22米反攻踢(22 Counterattack)等团队协作环节组成,维持着英式橄榄球运动的独特性;同时,更有侵略性的扑搂、撞击、推挡、向后传球、向前踢球等个人技术动作环节,维持着英式橄榄球运动连续攻防进行争夺控球权和地盘的项目特征。

英式橄榄球运动是一项涉及高强度身体对抗的运动。任何涉及身体对抗的运动,都有它潜在的危险性。所以球员参加比赛,最重要的观念是必须符合规则要求而且必须要关注自己与他人的人身安全。也正因如此,教练员与老师们在执教过程中必须肩负起重大责任,确保球员在比赛前必须在心理、身体及技术上做好充分的准备,同时还要具备确保遵守比赛规则与维护比赛安全的心态和能力。

英式橄榄球运动竞赛的目的,是由彼此各十五名、十名或七名球员所组成的两支队伍在赛场进行角逐。球员要遵守比赛规则和运动精神,根据君子之争的原则,凭借带球、传球、踢球和团队战术、射门、压球触地,尽可能多的侵占地盘和争取分数,通过单位时间内得分多少来决定两队的胜负。

英式橄榄球比赛中,双方球员为了争取球权的占有,必须施加强烈的身体对抗和精神压力给对方,但是又不可以故意或恶意伤害对方。球员的自控能力和品质素养与裁判执法时的界线尺度,是建立英式橄榄球运动行为规范的依据。

英式橄榄球运动其实是一种侵略和躲避的游戏,进攻方不断地侵占地盘,目的是将球向前推进(持球跑或踢球)到敌方领土,并最终达阵得分。保有球权方最有效的进攻就是持球人利用空间躲避开敌方防守人的防守带球向前或传球给空当的队友再次利用空间向前。而防守方则要尽可能缩小或限制持球人的可利用空间,采取强有力的扑搂来阻止进攻球员的向前,并试图在身体接触或对抗中争夺球权,从而由守转攻彻底瓦解对方的进攻。

第二节 扑搂技术的意义

一、扑搂是英式橄榄球运动的本质特征

强悍、野蛮的身体对抗就是橄榄球运动的代名词。很多不了解该项目的人会说,比赛看起来像打架,有时候像打群架!的确,英式橄榄球比赛中多种方式的攻防转换确实让人血脉偾张、心惊肉跳,但其实它有独特的技能和规则,公平、公正、绝对尊重的竞赛素养充分地体现在橄榄球绅士们的身上。为了保护参赛球员的人身安全和比赛顺利进行,竞赛规则中给予了严格的要求:

(1)球员不可以对没有持球的球员实施扑搂;

(2)球员不可以在身体和语言上凌辱任何人,不可以咬人、殴打或对眼睛及脸部故意伤害;

第四章 扑搂技术

（3）不可以利用硬臂、肩部、头部或膝盖来打击、顶撞任何球员；

（4）球员不许过早、太迟和肩线以上实施扑搂；

（5）球员不许对双脚离地的持球球员实施扑搂、冲撞、拉、推的行为；

（6）球员将对手从地面抬起、摔落或推撞对手时，不许使其头部或上半身与地面接触。

二、扑搂是英式橄榄球比赛中攻防双方发生身体接触和身体对抗的最小单位

当持球球员被一名或多名防守球员接触并控制住使其倒地时，就是一次扑搂发生。依据进攻方持球球员的进攻意图，防守方扑搂球员基本上有两种扑搂选择。其一是主动扑搂，意指持球球员利用空间躲避防守球员，防守球员主动追赶捕捉进行扑搂；其二是被动扑搂，意指持球球员主动寻找防守球员进行手推或冲撞，防守球员迎面而上或原地等待被动进行扑搂。

三、扑搂是英式橄榄球比赛中形成乱集团的起始

开放式比赛攻防过程中，依据持球球员的身体动作和接触意图和扑搂球员的防守意图和动作形式及所接触持球球员身体部位的不同，扑搂行为会进一步发生演变，继而形成乱集团。扑搂是比赛中形成乱集团的起始，是进攻方连续不断试图撕破防线的战术打法，同时也是防守方抵挡冲击反抢球权的机会。在一场英式橄榄球比赛中，乱集团特别是由扑搂形成的拉克（Ruck）的发生次数仅次于传球次数和扑搂次数之后，是赛场出现频次最多的团队对抗技术环节。

其一，如果持球球员倒地并把球放在地上，球的正上方有一名进攻方球员和一名防守方球员为了争抢地面上的球而发生身体接触，那么这就形成了乱集团—拉克（Ruck）。彼此双方接触球员的最后一只脚的位置就会形成一条平行于得分线的越位线（假想线），攻防双方的其他球员都不能超越。

其二，持球球员被防守方球员扑搂住后竭力维持站立姿势，并与前来支援保护球的队友发生身体接触，球没有在地上而是依然控制在进攻方球员的手中，这样就形成了乱集团的另一种形式—冒尔（Maul）。彼

此双方接触人的最后一只脚的位置同样会形成一条平行于得分线的越位线,攻防双方其他球员都不能超越。

四、一次好的扑搂的价值相当于一次达阵得分

"One Tackle, One Try!"意思是说一次好的扑搂的价值相当于一次达阵得分。这是在英式橄榄球运动中对于扑搂意义、价值的描述。

(1)精彩、实效的防守扑搂,不仅能够阻止进攻方持续向前或突破得分,而且能够反抢球权由守转攻,更能够激励队友斗志,助长全队气势。

(2)扑搂环节一直是职业摄影爱好者竭尽所能捕捉的焦点瞬间,是英式橄榄球比赛中的高光时刻。

(3)进攻方只要有足够的对抗和保有球权的能力,可以连续不断的对防守方的防线发起冲击。

(4)高水平竞技比赛中,时常会出现几次或者十几次甚至几十次的连续冲击进攻,强悍、残酷、血脉偾张的打斗场面也正是项目夺人眼球的魅力所在,更是对攻防双方球员技能、体能和意志的终极考验。

(5)防守方面对排山倒海、一波高过一波的强大攻势,必须要敢于刺刀见红、顽强抵抗,凭借凶猛无畏的扑搂,一次次阻止和遏制进攻方前进的脚步。倘若技术动作不合理或是思想意识不清晰,导致扑搂失误,那么整条防线就会因为一个人一个点的纰漏而全线溃散,进攻方会快速侵占纵向地盘或直接进入得分区达阵得分。

(6)进攻方只要能够保有球权,一次不成功可以再来,但是防守方如果一次扑搂失败,面临的可能就是比赛的输赢。

五、扑搂是参加英式橄榄球竞赛的球员所必须要掌握的娴熟的技能

英式橄榄球运动在新西兰被誉为"国球",其代表队全黑队(All Black)战功赫赫是世界级的霸主,曾经12次夺得国际七人制橄榄球系列赛总冠军,四次获得英联邦运动会橄榄球项目金牌,2011年和2015年蝉联十五人制橄榄球"世界杯"冠军。新西兰七人制橄榄球教父戈登·蒂金斯爵士(Sir Gordon Tietjens)曾经这样评价他的队伍,全黑队

第四章　扑搂技术

球员的身体素质和防守能力可能是世界上最好的。就是这样的国家和队伍,也一度把球员扑搂技能的高低作为球员入选全黑队的标准。球员掌握扑搂技术、提高防守能力的重要性由此可见。扑搂技能是使队伍立于不败之地的强有力武器,是克敌制胜的法宝。

六、扑搂次数是仅次于传球次数的第二大技能动作环节

通常在整场英式橄榄球比赛中,扑搂次数是仅次于传球次数的第二大技能动作环节。

扑搂环节发生于每一次对阵双方身体接触之时,勇往直前、前仆后继和决不后退、寸土必争的较量使比赛精彩纷呈,高潮迭起。

英式橄榄球比赛是对阵双方彼此施加压力的过程,具体表现形式就是保有球权方连续不断的冲击防线,妄图撕破防线获得地盘或达阵得分;而防守方则是通过接二连三的扑搂来阻止对方前进,保有地盘的同时试图反抢球权。扑搂环节的重要性请见扑搂技术统计见表 4-1 和各环节技术统计表 4-2。

表 4-1　扑搂技术统计

2017 年英式 15 人制橄榄球"四国冠军杯赛"扑搂技术统计			
比赛时间:2017 年 8 月 26 日;比赛时长:80 分钟			
比赛地点:新西兰达尼丁福赛斯巴尔体育场(Forsyth Barr Stadium)			
总比分:新西兰 35∶29 澳大利亚			
新西兰男队		澳大利亚男队	
扑搂方式	发生次数	扑搂方式	发生次数
正面扑搂	31	正面扑搂	45
侧面扑搂	39	侧面扑搂	54
窒息扑搂	12	窒息扑搂	14
背后扑搂	15	背后扑搂	21
多人扑搂	13	多人扑搂	17
打脚扑搂	5	打脚扑搂	2
扑搂总次数:115		扑搂总次数:153	

续表

比赛小结：
两支世界上最优秀的队伍，在比赛中展示出了多种形式的扑搂技能，说明球员必须要掌握全面的、各种形式的扑搂技能，以备不时之需。各种形式的扑搂中，侧面扑搂的次数最多，可见球员们实施扑搂时的规范、安全意识非常明晰，因为侧面扑搂相对于其他形式的扑搂来说，是最安全、最有效的防守。正面扑搂的次数仅次于侧面扑搂，说明了英式十五人制橄榄球比赛中直线进攻、强强对垒的攻防模式和特点。在扑搂总数方面，尽管比分相差不大，输队的扑搂次数明显高于赢队，说明比赛过程中，赢队保有球权的时长明显优于输队。

表4-2　各环节技术统计表

2018年世界七人制橄榄球系列赛（香港站）决赛技术统计

比赛时间：2018年4月7日，比赛时长：14分钟

比赛地点：香港特区政府大球场

总比分：斐济50∶7新西兰

斐济男队		新西兰男队	
技术环节	发生次数	技术环节	发生次数
传球	35	传球	33
踢球	17	踢球	4
扑搂	14	扑搂	21
拉克（Ruck）	4	拉克（Ruck）	7
斯克兰（Scrum）	2	斯克兰（Scrum）	2
争边球（Line-out）	2	争边球（Line-out）	0

比赛小结：两队的扑搂次数均仅次于传球次数，位居各技术环节发生次数第二，输队的扑搂次数明显高于赢队。由于两队的比分差距非常大，赢队的踢球次数（包括比赛中踢球和得分射门踢球）大大超越输队，而传球次数却差不多。说明赢队的个人技能和保有球权的能力优于输队，特别是在抗传配合和个人踢球技能方面。

七、扑搂技术的广泛适用性

以扑搂技术动作为原型、为基础，其身体形态和动量原理同样适用于斯克兰（Scrum）的组架、争边球（Line-out）的举托、拉克（Ruck）的清铲、冒尔（Maul）的顶推、低姿撞击以及鱼跃达阵等环节。

第三节 扑搂的危害和现存问题

英式橄榄球运动是一项身体对抗激烈、专项技术鲜明、集团战术繁多并要求有顽强意志品质和勇气的极具挑战性、侵略性的集体球类运动。高强度身体对抗的独特项目特征揭示了它是一项损伤高风险性运动,不仅会导致运动员过早结束运动生涯,严重者还可使人残疾,甚至死亡。这也是制约英式橄榄球运动在我国开展和普及的一个重要因素。

目前,在中国从事英式橄榄球训练比赛的球员主要集中在各省市专业队、体校和部分高校、中学校园,90%的球员都是通过跨界改项半路出家,不仅没有从幼年时期就应该在不同级别的英式橄榄球比赛中建立起来的正确观念意识,更没有经历长期、系统、规范的实践训练,自我保护意识和技术经验的沉淀几乎为零,这就为之后高强度的训练、比赛损伤埋下了隐患。

在日常训练中,身体对抗环节是教练员和运动员最不愿意安排和参与的。教练员担心运动员彼此间技术经验、身体能力水平参差不齐,对抗强度和尺度火候很难把控,容易导致受伤;运动员在对抗激烈的训练中要么畏首畏尾、不敢抗争,要么无知无畏、肆意妄为,不能很好地控制自己的动作行为,训练受伤和因伤告别赛场的案例频频出现。但基于橄榄球运动的项目特征又不得不加强身体对抗环节的训练。

扑搂对抗何时训练?如何训练?一直是困扰教练员的内容。

通常造成运动损伤的原因包括教练员和球员在日常训练过程中忽视了循序渐进和量力而行的原则,麻痹大意;技术动作不合理;身材、能力、性别、经验等的不匹配;训练方式方法和场地差异;运动员情绪低落、身体疲惫;等等。

运动员扑搂的安全研究结果如下:

(1)扑搂导致55%~60%的成人受伤;

(2)在成人橄榄球比赛中,72%头部和颈部受伤都是由于不正确的头部扑搂位置导致的;

（3）扑搂致使球员脑震荡的事件持续发生，在青少年橄榄球比赛中，头是最常见的受伤部位之一；

（4）70%的碰撞比合理的扑搂更容易造成伤害。

第四节　扑搂形式和技术动作分析

通过观摩、分析诸多位国内外优秀球员在比赛中的扑搂技术动作和笔者自身在英式橄榄球教学、执教过程中对扑搂技能的认识、总结，就英式橄榄球比赛中的扑搂技术动作做如下论述和探讨。扑搂技术具体的内容和明细请见图4-1（文中均以右侧肩进行扑搂作为举例讲解）。

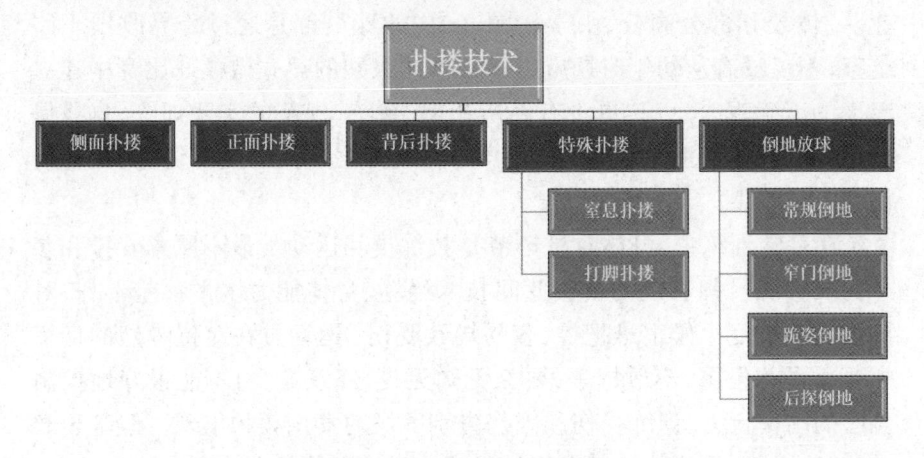

图4-1　扑搂技术类析

一、侧面扑搂

（一）扑搂对位

扑搂球员与持球球员相对站立，彼此间距1米。持球球员向扑搂球员的右侧移动一步距离并向外转身45°，用远离扑搂球员的外侧手持球,近端胳膊屈臂于胸肋前并贴紧身体进行自我保护。扑搂球员身体微转保持正对持球球员的近端胳膊。

（二）扑搂准备

持球球员双腿平行夹紧并屈膝屈髋保持半蹲姿势,眼睛观察扑搂球员的行动;扑搂球员双脚平行站立与肩同宽,同样也是屈膝屈髋下蹲保持低重心低身姿状态,双手五指自然伸展并适度用力,两条胳膊屈臂似拳击状置于胸前,眼睛盯住持球球员的大腿部位。

（三）扑搂进入

扑搂球员必须集中精力对准持球球员的大腿部位,保持低姿状态向前迈右脚,距离持球球员半米左右。迈脚的同时要俯身低头,保持头和颈部处于站立时的平直状态,下巴远离锁骨。驱使身体的全部动量进入扑搂,右腿蹬伸发力,保持身体俯卧状态且稳定不能翻转,保持背脊平直且肩部高于,臀部由下向上进入扑搂。

（四）扑搂对抗

扑搂球员的右肩撞击持球球员的大腿(右腿),同时双臂微展前伸并牢固地锁抱住持球球员的双腿。身体保持俯卧、平直,全身肌肉紧张特别是腰部、膝部和脚踝要挺直。扑搂球员的双脚要始终拖在地上,切记不要把腿后扬或屈小腿。扑搂球员的脸颊要贴紧持球球员的大腿,避免因贴靠松垮而受到伤害。持球球员被扑搂的瞬间要全身肌肉紧张并给予扑搂球员一定的反抗力,然后顺应着扑搂球员撞击搂抱的动量惯性向侧后方倒至地上。

（五）扑搂结束

扑搂球员凭借强劲的冲击动量,倒地后应该在持球球员的上面。此时,扑搂球员必须立刻松开双手并快速起身,然后站立着去挖抢持球球员手中或已经放在地上的球。而持球球员被扑搂倒地后,要快速调整身体朝向并把球放在地上。放球时要放在有利于队友支援保护的位置或规则允许的位置。比赛中连贯的侧面扑搂动作展示如图4-2所示。

图4-2 侧面扑搂

提示:侧面扑搂的自我保护。

(1)扑搂球员首先要注意的就是脖子的危害,不能仰头更不能低头进入扑搂对抗,避免可怕的严重伤害出现。

(2)扑搂时,切记不能把头放在持球球员的身前。如果持球球员向前倒地极有可能会把扑搂球员的头压在下面,造成严重伤害,而是要把头放在持球球员的臀部或大腿后侧并用力贴紧,避免磕碰伤害。

(3)扑搂时,扑搂球员要永远保持肩部高于臀部,不能像跳水般脑袋低于臀部,容易造成头、颈和肩部损伤,这也是比赛规则所不允许的。球员之间冲撞在一起,或进或退,自然会以身体作缓冲,而一旦如跳水般头或肩冲击地面,则会发生严重伤害。

(4)持球球员被扑搂时要保持屈膝屈髋状态,绝不能在进入扑搂时把膝关节伸直,如果膝关节一旦伸直锁死,失去左、右移动的功能,很有可能造成膝关节损伤。

(5)持球球员倒地时要保持侧身姿势,臀部和一侧背部先着地,颈部肌肉保持紧张,避免出现颈椎损伤或头部着地造成脑震荡。

(6)练习时,球员要佩戴护肩、护齿和帽子等防护用品是非常有必要的。

二、正面扑搂

正面扑搂是一个相对比较困难的扑搂技能,在十五人制橄榄球比赛中发生的频率很高,主要发生于防守球员面对进攻方前锋球员持球直线向前侵占地盘的环节。基本有两种不同的扑搂形式。

其一,如果扑搂球员距离持球进攻球员稍远,这样扑搂球员在做扑搂时就会通过好的判断和选位把体型较大的持球进攻球员绊倒(扑搂持球球员的大腿及以下部位),扑搂球员倒地后在持球进攻球员的侧面或下面。

其二,如果扑搂球员很高大、强壮,扑搂球员可以试着借助身体向前的动量把持球进攻球员扑倒并使其后退,结束时扑搂球员在持球球员的上面(扑搂持球球员的大腿及以上部位,但是不能高于肩线)。

正面扑搂如图4-3所示,其具体的应对措施如下:

(1)假设持球球员身材高大、强壮,并带有一定的速度,而且正处于亢奋状态。而扑搂球员在这种特别的处境下则是完全静止、被动的。扑搂球员要做好心理准备,让自己处于一种全身紧张,精力集中的沉稳状态。

(2)根据持球球员的身材、动量来判断、决定采用何种方式进行扑搂。面对高大、强壮的持球球员,扑搂球员不要妄想把持球球员搂抱住并使其向后退。而是要降低重心,根据对手的左、右位置,选择好扑搂的左、右肩,采用扑搂顺倒(绊倒)的形式阻止持球球员的进攻。

(3)扑搂球员合理选择一侧肩去撞击持球球员大腿及以下位置,小心谨慎并快速、准确地把脑袋贴紧在持球球员大腿(身体)的外侧。这种情况下,扑搂球员要清楚自身的动量比持球人的动量小得多,是不可能把持球球员撞倒后退的。

(4)扑搂球员要争取在持球球员发力撞击自己之前快速进入扑搂对抗阶段,胳膊锁紧持球球员的腿,持球球员向前的速度和动量意味着持球球员在倒地后要把扑搂球员盖压在下面。在扑搂对抗中,扑搂球员自始至终要牢牢地抱紧持球球员的腿,并使自己的身体尽可能贴紧持球球员,特别是脸和胸部要跟持球球员融为一体,直到持球球员摔倒在地上。

(5)两名球员同时倒地后,由于扑搂球员在持球球员的身下或旁边被压住,起身挖球是不可能的。此时,要赶紧想办法尽快抽身离开倒地区域(Roll Away),避免被二次碾压,然后再选择位置继续比赛。

图4-3 正面扑搂

正面扑搂在理论叙述上比较简单,但是做起来却很困难。如果扑搂球员左右可利用的空间足够大,扑搂球员很容易被持球球员的突然加速、变向或推挡摆脱防守,从而失去扑搂对位位置;如果持球球员的动量很大,而且撞击的技能比较强,也极有可能会把即将进行扑搂的扑搂球员撞翻在地,从而突破防守。正面扑搂时要求防守球员的选位、身姿、进肩、部位、时机等都要恰到好处,需要非常丰富的比赛经验。

三、背后扑搂

背后扑搂是指防线被持球进攻球员突破,防守球员转身回追,在防守球员速度占优的前提下,防守球员从背后追赶上持球进攻球员时的扑搂行为。

扑搂球员不要试图从背后擒抱住快速跑动中持球进攻球员的小腿,以避免被后撩起的脚或钉鞋踢伤头部或脸部。扑搂球员根据自身处于持球球员身后的具体位置,选择合适的颈肩部进行冲撞持球球员的大腿部位,同时双臂展开并搂抱住持球球员的双腿,脑袋稍稍扬起并紧紧贴在持球球员的大腿侧面,随着持球球员倒地而达到阻截目的,然后防守球员要快速起身抢夺球权。

第四章　扑搂技术

依侧面扑搂为基础,同样的技术动作和原则也适用于背后扑搂,如图4-4所示。

（1）扑搂球员追赶上持球球员的瞬间,要锁定目标并决定用哪一侧肩去扑搂持球球员。根据持球球员位于扑搂球员的左、右位置选择左、右肩进行扑搂。一般是稍左侧用左肩,稍右侧用右肩。下文以扑搂球员使用右肩进行扑搂持球球员为例。

（2）当扑搂球员加速进入扑搂距离时,俯身潜肩,目光集中在持球球员的臀部位置,变跑动摆臂为胸前拳击状,右腿定位脚锁定扑搂距离后全力蹬伸平跃,其肩部撞击低于持球球员臀部的位置,同时展臂前伸搂抱持球球员的双腿。

（3）扑搂球员身体肌肉紧张并保持身体平直,肩部高于臀部,用胳膊抱紧持球球员的双腿去阻止其继续跑动。与此同时,要确定扑搂球员的头在持球球员的左边并在他的左腿位置上贴紧。

（4）当扑搂球员把持球球员扑倒后,扑搂球员应该在持球球员的上面。切记,不要似跳水般脑袋和肩膀向着地面冲击,容易造成头肩伤害。

图4-4　背后扑搂

四、窒息扑搂

窒息扑搂如图4-5所示,这是一种特殊的扑搂形式,扑搂球员的胳膊不只是阻止持球球员创造任何场地纵向的推进,而且还要阻止持球球员把球传给任何来支援他的队友。窒息式扑搂的目标不是持球球员的髋关节以下,而是在持球球员的腰部上方。扑搂球员要设法擒抱住持球球员的胳膊,使持球球员无法施展任何形式的传球,从而阻止保有球权方开放式比赛的进攻势头。

图 4-5 窒息扑搂

（1）扑搂球员接近持球球员时保持低重心、前倾俯身的姿势，并强悍地对持球球员腰部以上的位置进行冲撞打击式搂抱。

（2）扑搂球员必须加速进入扑搂对抗，用强有力的肩膀去撞击持球球员的胸部左面（或右面）的位置，同时扑搂球员要尝试用胳膊把持球球员重心较高的身体包裹住，这样就能捆缚住持球球员的胳膊和球，避免持球球员把球传出去。

（3）抱紧持球球员，双腿全力驱动继续向前推进或向左或向右两侧推进，确定此时的球在攻防两人之间的某处是遮掩住的，扑搂球员和持球球员将双双倒地。

（4）扑搂球员要强制性的、主动性地进入扑搂，并且还要具有非常大的动量，结束倒地时扑搂球员应该压在持球球员上面。倒地之后，扑搂球员要快速松手起身，进行挖抢球。

虽然窒息式扑搂不是初学者或体型较小球员运用时特别有体会的技术动作，但是在复杂多变的比赛中特别是英式十五人制橄榄球项目的比赛对抗打斗中，掌握多种方式的扑搂技能是非常重要的，每一位球员都必须学习并正确实施。

五、打脚扑搂

打脚扑搂的技术动作同背后扑搂很相似，如图 4-6 所示，主要是指

第四章 扑搂技术

扑搂球员在身后追赶持球球员时,彼此速度相当或耐力不及持球球员或持球球员已经接近得分区,扑搂人最后全力一跃,孤注一掷,蹬伸、展体、展臂,看看手掌是否能够通过击打到持球球员奔跑时后蹬折叠抬起的脚,从而使持球球员摔倒,阻止或影响其长驱直入得分区。

（1）追防球员全力奔跑追赶持球球员,但由于速度不济或距离有限感觉不能达到可以实施背后扑搂的距离。

（2）追防球员在失去对位扑搂距离的最后关头,全力以赴,破釜沉舟,右腿（或左腿）定位脚锁定距离后全力蹬伸平跃。伸臂探掌,尽量伸长胳膊,身体稍向右侧（左侧）翻转,使左肩高于右肩。看准持球球员蹬伸后折叠抬起的脚,追防球员用手掌鞭打拍击持球球员的脚外侧或脚踝,使其踔腿摔倒。

（3）如果追防球员能够击打中持球球员的脚或踝使其摔倒是幸运的,接下来就是追防球员的右侧背部和臀部着地并借助惯性向前滑行,或着地后快速起身再进行第二次捕捉。

（4）追防球员蹬伸平跃时,要根据与持球球员之间的距离,保持追防球员的头部要远离持球球员的脚,以免被踢伤。如果持球球员倒地后依然保有球权,那么裁判会允许开放式比赛继续。

图 4-6 打脚扑搂

六、多人扑搂

多人扑搂意指由两名或两名以上的扑搂球员同时对持球进攻球员进行扑搂的行为。由于涉及扑搂对抗的球员较多,情况非常复杂和危险,但基本要遵循不同头部位置、高度,相同用力方向的扑搂对抗原则,以避免不必要的伤害,具体如图 4-7 所示。

例如,两名防守球员在持球进攻球员身前进行扑搂,进入扑搂要有先后顺序,如果低姿针对大腿进入扑搂,则另一人要高姿针对胸腹部进入扑搂,反之亦然;如果是两名防守球员在持球进攻球员身后进行扑搂,同样要采取上述原则,低姿先,高姿后;如果两名防守球员在持球进攻球员的两侧,切忌同高度同位置的相对运动扑搂,非常容易造成撞伤。

(1)第一扑搂球员应该遵循腰部以下侧面扑搂或正面扑搂的关键点。

(2)第二扑搂球员应该遵循侧面或正面窒息式扑搂的动作要点。

(3)通过训练磨合和主协防原则以及扑搂瞬间的默契判断,同时采取行动,先后进入扑搂。

(4)防守成功,持球球员倒地后,两名扑搂球员都应该尽快释放持球球员,迅速站立起来,进行争夺球权或地盘。

图 4-7　多人扑搂

在英式十五人制橄榄球比赛中,近 50% 的扑搂都会涉及两名或多名扑搂球员。两名球员或多名球员同时进行扑搂训练的计划和方法很少,特别是球员尚无丰富比赛对抗经验的前提下,很难实施有实效性的训练。为了尽可能避免伤害,通常不鼓励教练员在球员初学阶段进行多人扑搂训练,特别是针对年轻球员进行的多人扑搂训练。

第四章　扑搂技术

第五节　扑搂技术动作练习示例

针对初学者,扑搂技能的掌握、提高,需要一个循序渐进引导、体验、巩固的过程,依据同侧肩同侧腿的扑搂对抗蹬伸原则,以侧面扑搂为例,可以借鉴如下由简到难、由弱到强的扑搂对抗练习方法。球员初期练习扑搂动作时,应该选择浓密厚实的天然草场地,佩戴头盔、护齿、护肩,尽可能避免出现伤害,建立扑搂的动作自信和不惧怕心理。

一、扑搂动作的常规练习

（一）俯卧起身扑搂

利用重量适中的扑搂包作为练习道具,球员在距离扑搂包2米的位置俯卧于地上,眼睛盯住教练员在扑搂包上标示出的即将扑搂时肩膀要顶撞的高度位置,头脑中复习一遍扑搂的技术动作流程,等待教练员的指令。具体练习形式如图4-8所示。

（1）教练员发出开始的指令后,球员快速双手撑地、抬臀起身,在屈腿时身体重心前移,朝着扑搂包的方向保持低姿状态前进,确定何侧肩为扑搂肩（左右）后,通过2~3步的快速调整,确定扑搂蹬伸脚（左右）的位置,同侧肩同侧腿为扑搂的前提和原则。

（2）球员稍稍抬头盯住肩膀要顶撞的扑搂包的位置,然后蹬伸腿全力驱动,身体平直,脑袋保持中立位置,双臂稍展成半拥抱状。在蹬伸腿尚未完成伸直之前,球员的肩膀顶撞到扑搂包上的标示位置,双臂胸前搂抱,颈肩部与扑搂包紧实地接触在一起。

（3）球员带有一定动量的前提下把扑搂包顶扑倒地,在蹬伸腿全力驱动的动量作用下,球员的身体和扑搂包一起在地上滑行,球员的整个身体要叠压在扑搂包上。

（4）如果教练员担心球员完全搂抱扑搂包在地面滑行时会擦伤手背,可以提示让球员采用半搂抱的方式,把双手放在扑搂包的两侧即可。如果球员扑搂之后,身体没有完全叠压在扑搂包上,而是胸部以下部位位于扑搂包的左侧或右侧,说明球员扑搂时没有很好的掌控扑搂方向和身体平衡。

（5）教练员可以依据这样的练习模式,呈"之"字状多摆放几个扑搂包,每个扑搂包旁边安排一名球员,负责把倒地的扑搂包竖立起来,并在球员扑搂时,身体远离扑搂包,但要手臂平伸用手轻轻地扶住扑搂包,解决扑搂包竖立不稳的问题。球员从俯卧在地的状态进入扑搂,主要是强调扑搂前的身体一定要低姿、低重心,且具有一定的向前动量。

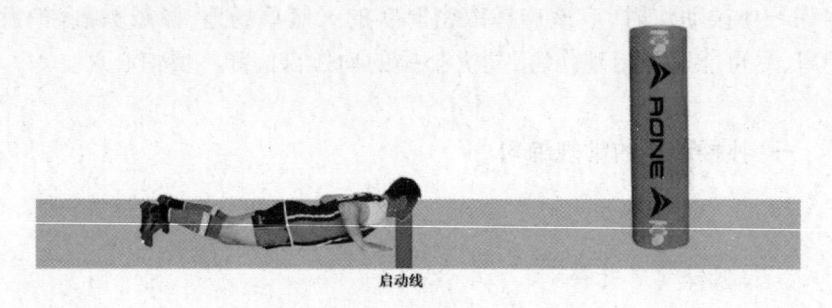

图 4-8　俯卧起身扑搂

（二）行进间扑搂接力

利用重量适中的扑搂包作为练习的道具,在 30～50 米长度的天然草练习场,三名球员一组,针对一个扑搂包,进行连续、接力式行进间扑搂练习,如图 4-9 所示。

（1）起始时,两名球员纵队站在起始线后,前面的球员俯卧在地上,第三名球员在距离起始线 2 米的位置扶住扑搂包。

（2）教练员发出开始的指令后,俯卧在地上的第一名球员快速起身进行低姿扑搂,扑搂后要扑搂球员自己把扑搂包快速竖立起来,并站在扑搂包旁边成为扶住扑搂包的球员。而扑搂时扶包的第三名球员即刻往回跑回到起始线并排列在第二名球员身后。

（3）第二名球员无须俯卧在地上,待刚刚扑搂的球员把扑搂包竖立起来时即刻从起始线加速进行扑搂,然后自己把扑搂包竖立起来,成为

第四章 扑搂技术

扶住扑搂包的球员,刚才扶住扑搂包的球员则即刻返回起始线准备下一次接力扑搂,依此循环练习。

(4)每次扑搂时,在球员身体动量的带动下,扑搂包会在地上向前滑行,以逐渐接近教练员规定的距离目标。开始时,由于扑搂包距离起始线较近,接力的速度主要看扑搂球员竖立起扑搂包的速度,而随着距离越来越远,待扶住扑搂包的球员往回跑至起始线和扑搂包之间距离的中间位置时,等待在起始线的球员即可启动出发,两名球员可以在中途相遇时相互单手击掌鼓励。

(5)本练习不光提高球员在一定速度下的扑搂能力,亦是非常好的速度耐力练习方法。如果没有天然草场地,也可以在人造草场地进行练习,但是要告知球员,在扑搂扑搂包时,双手要抱紧扑搂包的两侧,不要把手垫在扑搂包下面,以免造成擦伤。

图 4-9 行进间扑搂接力

(三)扑搂手持撞包的球员

利用撞包作为练习的道具,一名球员手持撞包,低姿蹲伏在目标位置,具体练习形式如图 4-10 所示。此处要特别注意的是手持撞包球员的站姿,为了避免撞击和倒地损伤,球员要单手持撞包侧面相对扑搂球员,双腿稍稍开立(窄于肩)站稳的前提下屈膝深蹲,双肘贴紧肋部,保持全身肌肉紧张状态。在遭受扑搂撞击时,可以稍稍用力抵御,但是切忌双腿硬撑不倒地,特别容易造成下肢关节损伤。倒地时,团缩身体,用一侧背部和收紧的大臂着地缓冲,切忌用手肘撑地,容易造成损伤,因为扑搂后扑搂球员通常会叠压在手持撞包的球员身上。

扑搂球员原地俯卧在地上,距离手持撞包的球员 1~2 米,眼睛盯住要扑搂的位置。教练员发出开始的指令后,扑搂球员快速起身、低姿、蹬伸驱动进入扑搂。此时要特别注意左右肩撞击的选择,要把脑袋放在手持撞包球员的臀部部位的撞包上,而且要注意不要脑袋顶撞到他的髋关节骨头上,以免受伤。蹬伸顶撞撞包时,扑搂球员的双腿要伸展、绷紧,切忌屈膝团身,容易受伤。

扑搂球员要尽可能搂抓住手持撞包的球员的双腿,使撞包处于两名球员的身体之间,扑搂球员的脸颊和颈肩部要紧实地与撞包结合,形成整体倒向地面,直到安全倒地后,身体肌肉才能松弛下来。

教练员可以依据此练习方式,呈"之"字状多安排几位手持撞包的球员,每次均以俯卧在地的姿势开始,以提高扑搂球员的扑搂连续性和扑搂次数,以及专项体能,从而达到"量变—质变"的效果。

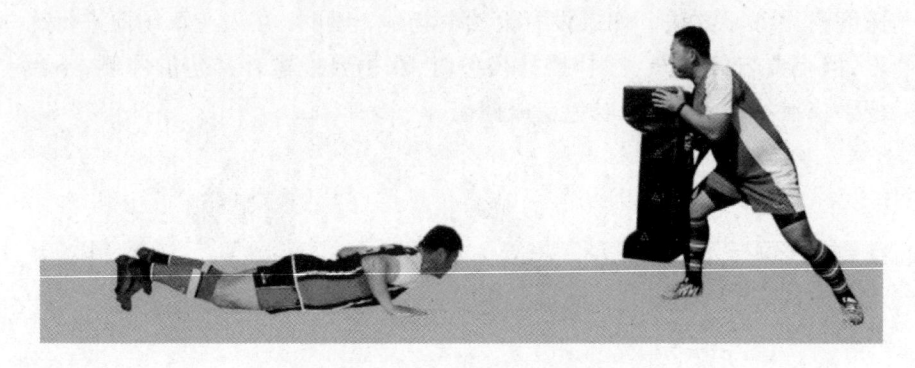

图 4-10　扑搂手持撞包球员

二、球员之间的扑搂练习

持球人跪地—扑搂人跪地(针对侧面扑搂展示扑搂人头部的位置)。

(一)扑搂对位

持球球员和扑搂球员面对面跪地相对,扑搂球员双腿与肩同宽并双膝跪地,髋关节挺直;持球球员侧身(向左侧旋转 45°～90°之间)双腿并紧且双膝跪地,髋关节挺直,双手胸前抱紧球。扑搂球员与持球球员彼此间距 0.5 米(根据年龄、身高和教练要求的扑搂强度来调整间距)。

（二）进入扑搂

扑搂球员屈髋后座并俯身,肩部高于臀部,眼睛盯住持球球员的大腿,两侧胳膊肘贴紧肋部,双手展开并屈臂呈 90°。然后伸髋驱动身体向前,肩部撞击持球球员大腿的同时双臂前伸紧紧搂抱住持球球员的双腿,脑袋在持球球员的臀部或大腿后面,侧脸(右侧脸颊)要贴紧持球球员的身体。

（三）扑搂对抗

扑搂球员俯卧且腰部挺直,双腿及脚踝紧张伸直,紧紧搂抱住持球球员。持球球员髋关节微曲,含胸锁肩双臂抱紧球,胳膊肘贴紧肋部,在抵御扑搂球员的撞击时给予一定的反抗力,然后顺势侧倒。倒地后,扑搂球员在持球球员的上面。

（四）扑搂结束

扑搂球员松开持球球员并起身回复到之前扑搂对位的姿势,持球球员也同样回复到准备被扑搂的姿势。一人连续扑搂几次或每次扑搂后互换角色。

三、其他练习

以下的扑搂练习方法依此类推、循序渐进。

球员必须在教练员的监督和指导下进行训练,逐渐强化正确的观念意识,特别是保护他人和自我保护的意识,强调技术动作的合理性、规范性,逐渐增加动作难度和对抗强度。

（1）持球球员半蹲—扑搂球员跪地(鼓励腿部驱使发力)。

（2）持球球员低姿走动—扑搂球员单膝跪地。

（3）持球球员屈膝俯身站立—扑搂球员半蹲。

（4）持球球员低姿走动—扑搂球员半蹲。

（5）持球球员低姿走动—扑搂球员低姿走动。

（6）持球球员跑动—扑搂球员跑动。

（7）一定区域内、无限制、开放式攻防模式下的扑搂。

四、扑搂练习时的注意事项

为了使球员尽可能避免伤害和延长运动生涯，特别是针对青少年或初学者的扑搂训练，一定要以安全、规范为前提，按部就班、循规蹈矩，具体如图4-11所示。

（1）扑搂练习的场地最好选择在厚密的天然草场地，也可以在松软的沙地或土地，或利用软垫铺在地上。

（2）佩戴符合世界橄榄球联合会（World Rugby）相关标准的保护设备，如帽子、护齿、护肩、护肘、护膝，或扑搂服（Tackle-Suit）等。

（3）在引导体验和发展技能时要避免体型大小、性别、年龄和经验的不匹配。

（4）确保球员在足够的空间练习，以避免与看不见的球员发生意外碰撞导致伤害。

图4-11 规范扑搂

从澳大利亚和英国近几年的研究表明，58%的损伤是由扑搂导致的。所以这方面的规范、谨慎执教是非常必要的。在练习、比赛和执裁时要非常关注这一对抗环节，好的技能，好的安全意识，适当的实践训练很重要，这将使球员能够在扑搂中变得自信和安全，实效性更佳，利于球员成长。

第四章　扑搂技术

五、危险的扑搂动作

所有的球员都要对他们在扑搂持球球员时的行为负责,因此,扑搂球员不可以采用危险的方式"扑搂"对手。危险的扑搂动作主要包括以下几种。

(一)高位扑搂

不允许对肩线以上部位进行"扑搂",尤其是颈部或者头部周围。

(二)空中扑搂

不允许"扑搂"双脚离地的球员。

(三)投掷或翻倒扑搂

不允许抬举(对方)持球球员猛地扔向地面(投掷)致使其上身、颈部或头部着地。

(四)推迟扑搂

不允许在传球后"扑搂"球员。

(五)提前扑搂

不允许扑搂无球球员或准备接球的球员。

(六)冲阻

不允许没有尝试用手(手臂),抓抱住持球球员就"扑搂"该球员。

六、扑搂的补充提示

至于扑搂的形式问题，可分为侧面扑搂，身后扑搂，正面扑搂。其中侧面扑搂又分为右侧扑搂和左侧扑搂；正面扑搂分为正面低姿（顺倒）扑搂和正面高姿（窒息）扑搂，但必须是肩部以下位置，主要是抵挡住对方冲击力的同时把球包裹住，使持球球员无法支配球。几种扑搂形式根据所处身位的不同，接触位置的不同，双方速度的不同，彼此间体型大小的差异，以及根据个人扑搂还是跟队友一起配合扑搂等不同情况，扑搂球员必须快速做出正确的判断和选择，而不是一味蛮干、硬碰硬，从而避免受伤的同时达到防守效果。

至于扑搂的标准问题，应该是没有标准，只有规范和效果。根据英式橄榄球竞赛中倒地不能玩球的规则，让持球球员尽快倒地就是最好的防守效果。应根据实际情况和个人能力要选择最合适自己的动作，以免造成伤害。作为教练员，要求运动员在比赛中进行扑搂时，动作必须要规范，会审时度势，在确保彼此不受伤害的前提下达到防守效果。

第六节 倒地放球技术

英式橄榄球比赛中，攻防双方发生身体接触且持球球员双膝着地或身体着地时，裁判员会喊出"Tackle！（扑搂）"，即扑搂发生，此时实施防守的球员必须快速松开对持球球员的搂抱、束缚，使持球球员倒在地上或顺利地把球放在地上。持球球员被扑搂倒地后必须做出传球或把球放在地上的动作，以使比赛继续进行。为了使持球球员倒地后能够更好地保护球权和更好地与支援队友连接，通常会采用以下几种倒地放球的形式，如常规倒地放球、窄门倒地放球、回探身倒地放球和跪姿倒地放球等。下面针对各种倒地放球形式进行技术动作分析：

第四章 扑搂技术

一、常规倒地放球

（1）如图4-12所示,持球球员侧躺在地上,背部横对进攻方向。
（2）身体稍蜷缩呈站姿时的半蹲姿势,双腿并紧且上面的大腿略前抬,盖住腹部,以保护好自己的重要部位。
（3）双手把球放在自己胸腹部的正前方地上,放球距离要根据护球队友和对方挖抢球员的具体位置而定,但尽可能要远离防守方,且不要使球滚出护球队友的最后一只脚,保持好越位线。
（4）持球球员放球后,可以双手抱头,手掌重叠抱紧后脑部位,胳膊的小臂夹紧耳朵至太阳穴一线,做好自我安全防护。

图4-12 常规倒地放球

二、窄门倒地放球

（1）如图4-13所示,持球球员侧躺在地上,背部横对进攻方向。
（2）身体蜷缩呈站姿体前屈状,双腿并紧且膝关节略弯,保护好自己的重点部位。
（3）双腿伸向自己方的极阵方向。
（4）双手把球放在自己胸腹部的正前方与自己小腿的正前方交叉位置的地上,护球队友跨骑在放球球员的小腿上方并快速俯卧护住球。
（5）持球球员放球后,可以双手抱头,手掌重叠抱紧后脑部位,胳膊的小臂夹紧耳朵至太阳穴一线,做好自我安全防护。

图 4-13　窄门倒地放球

三、回探身倒地放球

（1）如图 4-14 所示，持球球员倒地后，要根据自己的实战经验，不论身体什么部位接触地面，身体核心区绷紧。

（2）持球球员接触地面后的动作不能停顿，要快速连贯地扭转身体，调转头部使其朝向本方的极阵方向。

（3）双手持球伸向远离防守方的位置，就像站立时把球举过头顶，持球球员的身体与边线平行，双脚对着自己的进攻方向。

（4）放球过程中，争取使自己俯卧在地上且不要抬起小腿，保护好自己免受伤害。有时候迫不得已也会发生仰卧在地上的情况，此时要快速放球并立刻翻转，调整自己的身体姿态，确保自身安全。

图 4-14　回探身倒地放球

四、跪姿倒地放球

（1）持球球员低姿、正面撞击时髋关节一定是向前的或被防守球员向进攻方拖拽，不能侧身倒地时，可采用全力向前推动并降低重心形成双膝跪地的姿势。

（2）低头用肘关节与双膝支撑身体，单手把球沿着胸腹、胯下、两腿之间的轨迹推出，球必须超过臀部（不能压在小腹下面的地上，属于违例）但不能超过自己的最后一只脚，球停留在自己的小腿之间，保持好越位线的存在。

（3）有时候因情况特殊，也可以双手把球沿胸腹及胯下推出，那就必须要头、肩支撑地面，此时要特别注重颈部安全，如图4-15所示。

图4-15 跪姿倒地放球

五、倒地放球的练习方法

（1）两名球员一组一球配合练习。其中一名球员手持撞包于胸前扮演防守方，重心降低，距离持球球员2～3米。持球球员双手持球于胸前，身体稍前倾俯身，准备加速撞击手持撞包的球员。持球球员可以采用左肩或右肩进行低姿撞击，在撞击后继续低姿向前推进，并根据教练员的要求进行各种形式的倒地放球动作。因为没有反抢和护球，要求持球球员规范动作放球之后，需单手或双手抱头进行自我保护。待球员掌握以上几项规范的基础放球动作之后，要逐渐增加练习难度，例如撞击的力度、动作的连贯、随机的选择等。

（2）三名球员一组一球配合练习。其中一名球员手持撞包于胸前扮演防守方,重心降低,距离持球球员 2~3 米,另外两名球员搭档进攻。持球球员首先要加速、低姿并规范地撞击手持撞包的球员,然后采用规范的动作倒地,单手或双手把球控制在胸前暂不把球放到地上。持球球员倒地的瞬间,其队友要快速跟进支援并低姿俯卧覆盖住持球球员的身体,要以护球为主,身体处于球的正上方。待护球动作实施完毕,护球球员趴伏稳定,持球球员再双手把球放在合适的位置。倒地后稍晚放球,不仅可以避免支援队友把球踢走,而且可以很好地保持好越位线。

（3）七名球员一组一球配合练习。其中三名球员扮演防守方,另四名球员组织进攻。在宽 8 米、长 20 米的固定矩形区域内,三名防守球员"一"字排开进行徒手捕捉,不允许低姿扑搂,只能做消极的接抱防守。也就是说,当持球球员低姿冲撞防守球员时,防守球员只能把双臂双手呈摇篮状摆放于大腿或腹前,接住持球球员的撞击并用身体抵住其向前的动量,缓冲并尽可能停止持球球员继续低姿推进,迫使其倒地放球。防守球员松开倒地的持球球员后可以立刻进行挖抢球。而进攻方则要通过快速的撞击、护球来达到持续保有球权的目的,待形成乱集团拉克（Ruck）后,防守方的另外两名球员要凭经验选择拉克的左、右位置进行站位,准备进行下一次的防守。而进攻方的另外两名球员,则要通过判断选择、决定乱集团拉克的左右进攻区域,进行拿球、传球、再跟进支援,形成连续的波次进攻。通过限制级的比赛演练,逐步提高进攻方球员的倒地放球和连续保有球权的能力,逐步提高攻防双方球员的正确观念意识和比赛经验。待球员们通过两队对峙提高竞赛能力后,可以组织人数较多的、一定区域内的、无限制级的准真实比赛,以检验球员们的攻防比赛能力,但要做好必要的保护措施来避免伤害。

第五章　推撞技术

推撞，是英式橄榄球比赛中进攻持球球员必须要具备的进攻技能，是球员充分结合个人身体动作，借助身体的强悍和手臂的力量，发挥聪明才智，快速判断选择，克敌制胜的突破技能。推撞的经验实施，需要身经百战、感同身受，通过平时的刻苦训练和比赛中的大胆实践，不断提高自身的本体感受，从容应对、顺势而为，使自己在比赛中始终处于主动角色。推撞，主要包括手推和撞击，其中手推又分为高推技术和低挡技术，撞击分为高姿弹撞技术和低姿俯身钻技术。

第一节　手推技术的意义和形式

手推（Hand Off），顾名思义就是持球球员利用手推的动作形式把阻挡进攻的防守球员推开，从而获得进攻优势的行为。它是持球球员在进攻时突破防守球员扑搂的最直接有效的方法。推撞技术的内容和明细请见图5-1。

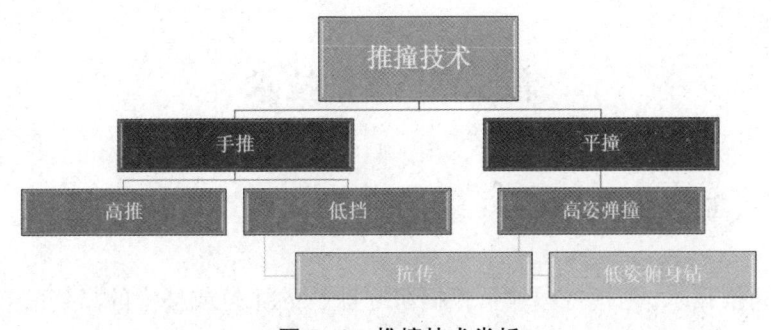

图 5-1　推撞技术类析

手推的同时结合改变方向跑和跑动的快慢节奏变化以及抗传，会更好地为个人和集体创造进攻优势。手推，持球球员在进攻时遭遇防守球员的阻挡，持球球员单手持球，任何方向都可以手推防守球员。根据防守球员扑搂时身体的仰俯角度和所处位置，持球球员可以采用高推或低挡的手推形式进行突破或防御。手推的动作展示如图 5-2 所示，手推的形式及注意事项如下：

（1）持球球员推出去的手掌必须是张开的，可以推挡，但是不能有插、锤击和挖等具有对防守球员造成安全隐患的动作行为。

（2）持球球员手推的位置可以是防守球员的任何身体部位，诸如头、脸、肩、胸、背、腿等，只要手掌是竖起、五指直平即可。

（3）持球球员可以直臂（或略屈）用手抓住防守球员的衣服，以此用力抵住防守球员近身的防守。

（4）持球球员可以运用类似手推的动作，把防守球员伸向持球球员的手臂向上、向下或向左右推开、下压或拨打开，以避开或影响防守球员抓住持球球员的衣服、胳膊或搂抱住持球球员的身体。

图 5-2 手推

第二节 高推技术

一、高推技术的定义

高推技术，是指持球球员根据防守球员的抓打或搂抱的高姿防守形式,而实施的单手推阻防守球员腰部以上位置的身体接触行为。

二、高推技术的动作分析

英式橄榄球比赛中,球员通常都是双手持球,只有在已经完全摆脱防守全力奔跑、或手推、或抗传时才会采用单手持球(或单手抱球)。通过我们假设,现在是在一定狭小空间内进行"一对一"攻防。如果防守球员针对进攻持球球员不进行低姿扑搂,而是采用高姿抓打的方式进行防守,那么持球球员可以借助防守球员身体左右的空间,利用手掌高推的进攻方式尝试突破防守,高推的动作展示如图5-3所示,其具体实施步骤如下:

(1)攻防双方相对运动,持球球员双手持球加速向前,在距离防守球员大概3~4米(因人而异)时,突然向防守球员的右侧(或左侧)变向,依据持球球员的观察、判断,充分利用好防守球员身体两侧的空间。

(2)持球球员变向跑的同时双手持球变为左侧(或右侧)手臂单手持球(抱球),使球远离防守球员;身体稍稍侧转对着防守球员,同时右侧(或左侧)手臂在胸前半屈,肘关节约呈90°角,展开手指的手掌掌心朝向防守球员。

(3)防守球员观察到持球球员的跑动方向突然改变从而被动跟随,并试图通过高姿搂抱(或抓打)的形式阻止持球球员的进攻,在持球球员的身体右侧形成防守对位。

(4)持球球员依据防守球员的身体速度决定是否进行手推,如果防守球员速度不及持球球员的速度,持球球员即可轻松摆脱防守;如果防守球员的反应速度和身体速度足够快,能够快速形成对持球球员的再次防守,那么持球球员要看准防守球员的身体部位(脸部、胸部、肩部或手),进行适时、适力的手推,以手推防守球员的胸部或肩部为主。当然,如果是防守球员的手先到,那就打、拨、推开防守球员的手。

(5)手推时不能全力,要似拳击比赛时拳手的刺拳般,快推快收,可以进行连续多次快推,打乱防守球员的脚步和防守节奏,同时保护好自己。

(6)持球球员不仅要借助手推的推阻影响防守球员的贴身搂抱(抓打),也要借助推阻的反作用力加速自身身体移动速度,快速摆脱防守球员的缠斗。

图 5-3 高推

三、高推技术,循序渐进的练习方法

(一)无防守动作练习

原地站立,双手持球,膝部略弯。左腿(或右腿)向左(或右)斜上方(45°)迈腿,呈小弓箭步状。迈腿的同时,左(或右)手胸抱球,右手(或左手)伸出,手指张开、竖直、向外,屈臂(肘关节90°)保持在胸前或身侧。可以原地碎步后或跑动中变向跑瞬间进行手推练习。手推要反复练习,熟能生巧,确保转换持球手臂时,球不会掉落。

(二)原地防守动作练习

同上。持球球员正面设立手持撞包的防守球员,防守球员原地不动,把撞包放置于身体一侧,胳膊收紧,保护好肋骨。屈膝降低身体重心,身体稍稍后仰(防止持球球员用手推击撞包时折伤手腕)。持球球员快速手推撞包一次并快速回收至手推前的准备状态。可以设置多个撞包点成折线选位,球员持球原地碎步调整脚步后高推或跑动中练习。

(三)行进间高推练习

在一定区域内,防守球员戴帽子、护齿和护肩,或持撞包。在适当场

· 196 ·

地宽度内,进行"一对一"攻防模式的变向躲闪高推练习。防守球员可以高姿抓打、搂抱或连续用撞包撞击持球球员。

第三节　低挡技术

一、低挡技术的定义

低挡,指持球球员在进攻跑动过程中,针对从身体侧面(或正面)实施低姿扑搂的防守球员采用手臂抵挡的方式,似护盾般保护自己的下肢,以阻止和避免防守球员带有动量的身体对持球球员下肢的直接冲撞或双臂对持球球员双腿(或单腿)的搂抱,保持好身体平衡从而摆脱防守。

二、抵挡技术的具体实施步骤

(1)持球球员依据防守球员屈身压迫而来的方向,做到心中有数,双手持球变为远离防守球员一侧的单手持球(抱球)。

(2)防守球员靠近持球球员身体并对持球球员的大腿实施低姿扑搂时,必定是带有一定动量冲击的扑搂动作,目的是阻滞持球球员继续向前的动量并搂抱住持球球员的双腿,致使其倒地。

(3)持球球员在防守球员进入扑搂的瞬间,根据防守球员扑搂的位置适当降低身体重心,并调转身体朝向防守球员,快速调整脚步使自身处于一个稳定、有力的对抗状态,并把距离防守球员近侧的手臂垫覆在大腿前方,手臂与大腿要保留一定距离,以抵御和缓冲防守球员的身体撞击。

(4)手臂略弯,绷紧用力,手心朝向前上方,手指或握拳或半张,整条手臂同身体保持一致抗击防守球员的扑搂。切忌直臂且手心向下,反关节发生对抗,极易造成肘、肩损伤。

(5)彼此身体接触后,持球球员低挡的手臂抵挡和缓冲防守球员的动量,使防守球员的肩和手臂远离自己的大腿,不能进行搂抱动作。此时持球球员要再次用力抬腿向前，借助向前的力量把防守球员的胳膊或肩膀撞开，以摆脱其防守。低挡技术的动作展示如图 5-4 所示。

图 5-4　低挡

第四节　撞击技术

一、撞击的定义和形式

撞击，意指在英式橄榄球比赛中，持球球员面对单个防守球员或成防守线的多名防守球员时，没有好的空间可供利用，从而采取主动撞击的方式继续向前侵占领地的行为。

持球进攻球员面对不同防守企图、不同身姿高低和不同环境位置时要采取不同的撞击形式。如果防守球员是低姿扑搂状态，持球球员可以采用高姿弹撞的形式；如果防守球员企图高姿搂抱持球球员或防守球员较多且身姿较高成线防守，则可采用低姿俯身钻的形式；有时也要依据场地位置的需要和队伍的整体战术意图采取相应的撞击形式。

撞击的主要目的是保有球权的前提下，向前获得领地，更好地与队友配合和更好地获得队友支援。撞击主要有两种形式：高姿弹撞和低姿俯身钻。

二、高姿弹撞的技术动作分析

若防守球员采用低姿扑搂,持球球员可采用高姿撞弹式撞击。特点是:瞬间爆发力强,有观察可配合,保持进攻趋势。比赛中连贯的高姿弹撞的动作展示如图 5-5 所示。

(1)持球进攻球员单手持球,橄榄球的纵轴基本与小臂平行,手掌掌心对着自己的面部并把握住球外侧上 1/2 部分。

(2)持球进攻球员用力收紧小臂和上臂,把球按压在胸部上,使下球尖牢牢抵住腋窝,防止球被防守球员从下至上(或从上至下)打掉。

(3)持球进攻球员身体微侧,使球远离防守球员。在防守球员准备发力蹬地低姿扑搂的瞬间,持球进攻球员要降低身体重心并快速插步,插步的前脚落地位置基本处于防守球员的身体下方,俯身前倾。在防守球员蹬伸发力之前,用收紧在胸前的另一侧胳膊的上臂猛撞防守球员的肩颈部,撞击的同时要保持好身体的重心和平衡。

(4)撞击后要立刻收回身体重心并恢复到撞击前的准备状态,不能随着撞击时的身体动量前移,失去控制和爆发力,要似拳击比赛中的出拳般,击打结束后要立即收回。

(5)持球进攻球员此时要根据被撞防守球员的具体情况,是否被撞开、是否被撞倒地、是否被搂抱住等,持球进攻球员即刻决定是继续向前驱动还是进行躲闪,或是寻求队友支援。

(6)持球进攻球员实施瞬间撞击时,注意插步捕捉、送髋占位、肩部短促扭转发力。如果时机和爆发力恰到好处,会把防守球员撞翻在地。

图 5-5 高姿弹撞

三、高姿弹撞的练习方法

(一)定点撞击

(1)固定一名球员手持撞包,低姿站立,距离练习撞击的球员大约3～5米。
(2)练习撞击的球员成纵队排列,队伍的第一名球员双手持球。
(3)练习开始,第一名持球球员爆发力加速,根据自己的判断突然降低身体重心,双手持球变为单手持球,同时调整脚步并插步、稍稍侧身进行撞击,撞击后身体保持平衡不前冲。
(4)撞击结束后,持球球员后转身,双手传球给下一名待撞击球员,依此循环进行练习。可以根据球员数量,分多组进行练习。

提示:

其一,练习过程中,彼此对抗强度可以由低到高逐渐加强,手持撞包的球员可以从原地半蹲待撞开始逐渐过渡到垫步主动向前迎击,以增加彼此的对抗强度。

其二,在彼此撞击、对抗瞬间,攻防双方的接触部位要相对,也就是说,当手持撞包的球员用右手持撞包抵掩在自己的右侧胸前时,持球撞击的球员也要把插步和撞击用的臂膀调整到右侧,用右腿支撑右侧臂膀撞击,即同侧肩同侧腿撞击。倘若发生不同侧的对抗,容易造成脸撞脸等伤害。

(二)"之"字形连续撞击

如图5-6所示,教练员设置呈"之"字形的多处固定点,每个固定点上有一个手持撞包的球员。两名球员一组一球,球员要跑直线,持球球员利用外侧臂膀撞击(决定持包球员用左手还是右手持包),然后传球给内侧加速插上接球的球员,随后跟进并选择有效位置,准备再接球撞击,依此循环进行练习。持球球员亦可以利用内侧臂膀撞击,撞击后转身把球传递给加速准备接球的队友,依次循环进行练习。

提示:在热身、准备活动充分且讲解清楚要求的前提下进行攻防撞击练习,特别要强调,撞击和传球是两个动作,要清楚地分别施展,只有保证完成好首要的撞击动作,才能更好地实施接下来的传球动作。适应练习后可适当增加对抗强度,允许原地待撞的持撞包球员垫步加速抵御。

图 5-6 "之"字形连续撞击

四、低姿俯身钻的技术动作分析

如果是一名防守球员或密集成线的多名防守球员采用高姿搂抱式防守,或是在对方极阵前区域,持球进攻球员就可以采用低姿俯身钻的形式撞击。特点是:重心低,动量大,更贴近地面,有利于队友支援、协同、绑扎在一起形成合力,容易形成乱集团冒尔(Maul)或倒地形成乱集团拉克(Ruck),身体覆盖住球,可以更好地保有球权。比赛中连贯的低姿俯身钻的动作展示如图 5-7 所示。

(1)持球进攻球员可以双手抱球于胸前,抑或将球放置在远离防守球员的一侧,变为单手持球。单手持球时,前臂、上臂、躯干形成一个口袋状,把球牢固地包裹住。

(2)英式十五人制比赛中,防守球员较多且站位较密集,持球进攻球员做低姿俯身钻形式撞击时,通常采用双手持球。英式七人制比赛中,攻防双方主要以"一对一"对抗形式为主,持球进攻球员通常采用单手持球。持球进攻球员在撞击前应带有足够的速度,有利于在撞击过程中获得动量优势。

(3)持球进攻球员在撞击防守球员之前,首先要屈髋屈膝降低身体重心并快速插步(与撞击肩同侧),插步时双腿呈弓箭步状态,身体重心迅速移动到前脚上。

（4）插步的距离是当后脚脚后跟离地面后肩膀能打击在对方身体上即可。插步的同时，躯干降低并俯身至与地面平行，头部基本与站立时一致（不要低头，颈椎保持直立）。

（5）撞击一侧的肩膀要略领先于另一侧，保持好颈部的直立。同侧肩撞击，同侧腿蹬伸发力。撞击时，脑袋向前顶带动躯干，具有一定速度的前提下俯身并顺势叉步，凭借速度优势前脚蹬地向前，给身体一个二次加速。

（6）背部要呈"反弓"状态，用插步侧肩膀撞击对方。在前腿将要蹬直的刹那，双腿做快速半高抬腿动作继续向前推进，同时保持躯干向前。

（7）身体的方向保持与达阵线垂直。撞击后，一定要借助速度和身体动量的优势，抢占地盘或向前推进，在队友的支援和彼此感受下决定如何应对。

图 5-7　低姿俯身钻

五、低姿俯身钻技术的练习方法

（一）常规定点撞击

固定一名球员手持撞包，低姿站立，距离持球准备做撞击的球员 3～5 米。根据教练员的要求，可原地待撞亦可垫步主动向前迎击对抗，以增加对抗强度。持球撞击球员俯身低姿,单手或双手持球于胸臂间或胸腹间,接触对抗时同侧腿同侧肩,插腿并呈低姿扑搂状进行撞击,撞击后身体保持低姿,双腿持续蹬地向前,适时倒地并放球。提高其身体冲撞能力,低姿摆脱和扣肩倒地蜷缩形成拉克(Ruck)的能力。

练习方法:可从俯地起身捡地上球开始,撞击后持续向前并扣身倒地放球,可采用正常身姿倒地放球、屈身放球、跪姿放球、回探身放球,撞击倒地后,支援队友可低姿护球,可低姿清铲,可到位低姿观察并传球;或径直向前撞击,倒地后保持身体俯卧、直立正对进攻方向,快速在任意位置放球,最好是放在胸部下方或头部前方,以保持再次捡球向前撞击的垂直用力,然后再快速起身捡球向前低姿撞击,连续 2～5 次撞击,以提高持球撞击球员在没有队友跟进、支援的状态下,睿智、强悍的独立作战能力和快速判断分化的连续意识。

1. 平行两队连续配合撞击

分开两队呈纵队排列,两队间距约 6～7 米平行站立,每队的正前方约 4～5 米处设置一个固定点,一名固定球员手持撞包待撞。练习形式图 5-8 所示。

(1)练习方法一:第一名持球球员加速低姿俯身钻撞击正对的撞包,推进然后扣身倒地并放球;同队的第二人经验跟进,俯身捡球并快速传球给另一队的第一名球员,然后再快速跟进至另一队的队尾;另一队的第一名球员加速接球后撞击正对的撞包,然后推进后倒地放球,同队的第二名球员经验跟进并捡传地上球,再跟进到另一队的队尾;撞击的球员待队友传完球后快速起身并回到本队队尾等待下一次的配合。依此循环进行练习。

(2)练习方法二:方法一的升级版,开始时攻防双方的位置站定,第一名持球球员启动加速向前准备撞击时,对面手持撞包的球员也要快速向前压迫,在相对高速下攻防双方发生碰撞,持球人尽可能向前推进直至扣身倒地,同队进攻的队友快速支援保护,一人俯身护球,一人充当传锋。充当传锋的球员把地上球传递给另一队的接球队员后要顺势跟进,担任下一次撞击倒地的护球球员。待传锋球员把球传走并跟进的瞬间,俯身护球的球员也要快速跟进至另一队的队尾,准备下一次配合,而撞击倒地放球的球员待两名队友(传锋和护球球员)立刻后要快速起身，并且返回本来的队伍。依此进行循环练习。

提示：在升级版的练习中，要求持球人不能变向躲避手持撞包的防守球员，要强悍、硬碰硬地相对接触。攻防双方发生对抗倒地形成乱集团（Ruck）时，越位线生成，另一名持撞包的防守球员要有越位线意识，待传锋传球瞬间再快速压迫防守。通过近似实战的练习，在压力下争抢地盘空间，提高球员撞击强度、清晰观念和规则意识。

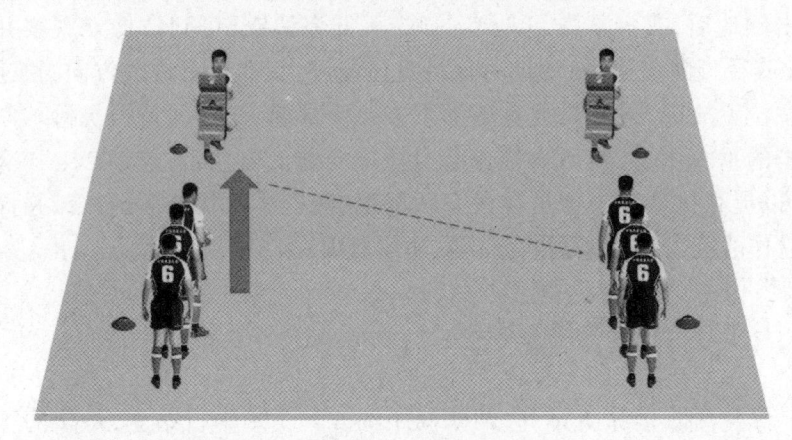

图 5-8　平行两队连续配合撞击

2. 台阶式连续撞击

（1）场地设置：

如图 5-9 所示，设定 4～6 个固定点，每个固定点安排一名固定球员手持撞包待撞。如果针对持球球员来讲，持撞包的球员是沿着由左至右升级的台阶状排列，那么就要求每个固定点的球员用右手持撞包，所有的持球球员撞击时用右侧肩膀撞击。如此操作的原因有：其一，避免撞击时受伤；其二，持球球员撞击时，眼的余光可以观察到由内侧而来的支援球员；其三，持球球员撞击时，支援球员可以观察到持球球员手中的球，利于预先判断。

（2）练习形式：

三名球员一组，利用一个球，两组相互配合同时进行。第一组第一名球员持球向前撞击并倒地放球，第二名球员跟进俯身护球，第三名球员跟进并俯身捡传地上球，球要传给第二组的第一名球员。第二组的第一名球员接球并加速向前撞击，然后倒地放球，第二名球员俯身护球，第三名球员捡传地上球,并传球给已经在下一个进攻点等待的第一组的第三名球员。第三名球员接球后撞击并倒地放球,第一组的第二名球员护球,第一组的第一名球员捡传地上球,把球再传给第二组的第三名球员,依此循环进行练习。

（3）练习要求：

跑动、选位有序,彼此清晰口令提示,各环节技术动作规范,经验调整距离和位置,明确把控节奏。

提示：组与组衔接时的节奏,由捡传地上球的球员和选好位置的待接球球员决定,通过快速语言沟通或肢体语言沟通来经验把控。

图 5-9　台阶式连续撞击

（二）小范围攻防对抗撞击练习

1. 练习准备

根据队内的球员数量,分成进攻队和防守队,练习形式如图 5-10 所示。

进攻队：所有球员要求戴护齿、戴帽子、穿护肩,保护好自己和队友。当持球球员进攻时,每一次的接触都要求必须采用低姿俯身钻的撞击形式,可以在对抗中向前推进,依据推进情况和队友提示适时倒地放球形成乱集团－拉克（Ruck）。护球的球员要根据对方防守球员的推抢（向前推动抢地盘）情况,经验的 1～3 人护球。传锋球员可以由固定球员担当,也可以随机处理。

防守队:所有球员要求戴护齿,每人手持一个撞包,成防线密集防守。在攻防中,根据越位线的有无进行压迫式防守,要求低姿不聚拢,经验选位和拼抢地盘,因手持撞包故不允许挖球反抢球权。

2. 练习形式

在划定好的一定范围内,注重安全的前提下,由教练员控制进行攻防演练。教练员手持橄榄球,待攻防双方选位就绪,两队开始间距3~4米,不要距离太大,因为高速下的低姿对抗容易造成损伤。教练员依据自己的意图,可以把球抛到进攻队区域的地上,进攻队球员随机捡地上球后组织进攻。防守队看到教练员抛球,就可以全线压迫防守了。在攻防中,除了球员间的语言,主要就是教练员的指挥和执裁的声音,万一出现可能具有伤害性的预见,要即刻鸣哨停止攻防,以免造成球员受伤。

3. 训练提示

随着球员攻防能力和经验的提升,可逐渐增加对抗难度和强度。例如,防守队球员部分手持撞包,其他人可挖抢球权;防守队球员均不持撞包,改为双臂腹前或腿前迎击撞击,主动让持球人倒地,可占地盘亦可挖抢球权;最后,攻防双方全开放式攻防演练,无限制。

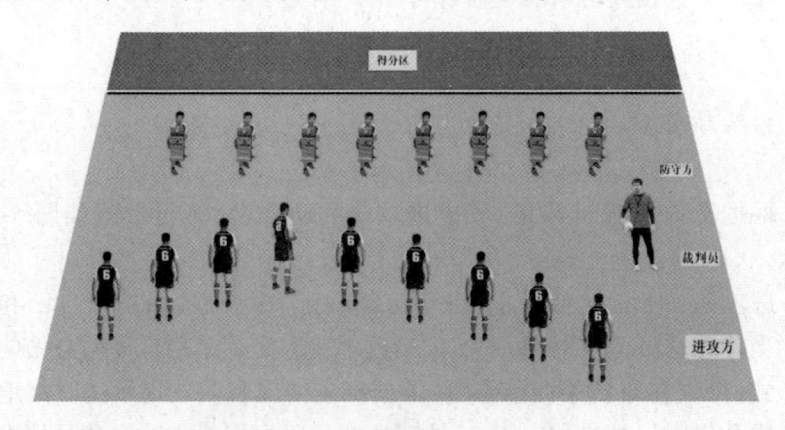

图 5-10 小范围攻防对抗撞击练习

第六章 达阵得分

第一节 达阵得分的定义

达阵得分,英式橄榄球比赛中称为"TRY",意指进攻球员在对方极阵内压球触地。意思是说,进攻球员持球到达对方的极阵,通过用单手或双手、单臂或双臂、或从颈部到腰部的身体正面向下用球压触地面,就可以认定为压球触地成功,即达阵得分,进攻队将获得5分。

如果是进攻球员在对方极阵内拿起球,那么这样的行为不是压球触地。进攻球员可以拿起在对方极阵内的球在其他任何极阵内区域的地方压球触地。极阵(In-goal),也可称为得分区,是阵线和死球线以及极阵边线之间的区域,它包括阵线,但不包括死球线和极阵边线。

第二节 达阵得分的意义

达阵得分,是英式橄榄球比赛中两支队伍彼此进攻进程时的片段目标,是双方队伍攻防进程的短暂停歇,是展示队伍整体实力水平的直观体现,是战术选择正确、实施卓有成效的必然结果,是团队戮力同心、凝心聚力、前仆后继的过程回报,更是球员发挥聪明才智、顽强拼搏赢得的尊重和荣誉。达阵和得分是具有因果关系的两件事情。达阵,是进攻持球球员进入对方极阵内,采用正确的方式把球按压在地上的方式;得分,是裁判员清楚地看到并判断球是否被进攻持球球员以正确的方式按压在极阵地面,从而鸣笛裁决是得分还是继续比赛。达阵,简言之,就是在极阵内把球触地,看似简单、轻松,但在寸土必争、永不放弃、不鸣笛誓不休的橄榄球赛场上,想要达阵着实不易,不仅行动上要慎之又慎,更要在思想、心理上做好充分准备。在以往的赛事中,进攻持球球员已经进入对方极阵,但没有得分的例子不胜枚举。例如,持球球员进入极阵,在没有任何防守压力下莫名其妙地掉球;持球球员把球按压向地面的瞬间,却按压在了防守球员的身上;持球球员在向极阵地面飞跃时,被防守球员搂抱住并被翻转身体呈仰面朝天状;持球球员在即将把球触地的瞬间,被防守球员踢掉、打掉等。橄榄球运动员不仅要有参赛的勇气、身能、技能,还要有熔合、协作、全面的经验,更要有保球权、护自身的睿智,以及无我亦有我,敢于牺牲、敢于担当的精神。

达阵得分,是英式橄榄球比赛中得分最高的形式,额外还要奖励追加射门一次,也就是 5 分加 2 分,共得 7 分,以此激励队伍要多多采用达阵得分的方式赢得比赛和尊重。例如,全队齐心合力、砥砺前进,通过集团波次进攻获得达阵;通过巧妙的踢球配合获得达阵;通过默契流畅的传接球配合获得达阵;通过个别球员的身体动作技能获得达阵;等等。以此突出英式橄榄球运动的特征和本质,提高比赛的专业性、精彩度和观赏性。

如果两支队伍在赛程中最终比分(或积分)相同,首先用来决定胜负的参考数据就是达阵得分的次数,达阵得分次数多的队伍列前。

第三节 达阵得分的其他形式

达阵得分的其他形式:
(1)斯克兰(Scrum),拉克(Ruck)或冒尔(Maul)越过对方阵线,进攻球员首先压球触地。
(2)进攻球员在阵线前被扑搂(Tackle),但惯性冲力将该球员带进对方的极阵区,并首先压球触地。

（3）进攻球员在对方阵线附近被扑搂(Tackle)，该球员能即刻伸出手压球触地。

（4）进攻球员在界外或极阵界外，只要不拿起球，就可以在对方极阵内压球触地。

（5）如果没有防守队的暴行，或许已经达阵得分，或会在更好的地点达阵时，将在两球门柱之间判给惩罚达阵。

提示：如果是防守球员在极阵内压球触地，视为挽球，依据规则比赛继续。达阵得分的形式请见图6-1。

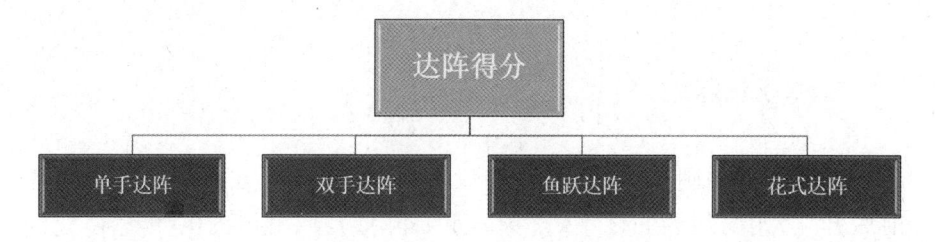

图6-1 达阵得分类析

第四节 达阵得分的触地形式

一、单手达阵

顾名思义，单手握住球，正常跑动中双脚前后开立，俯身弯腰把球按压在对方极阵区的地面上，单手跟球要形成一体同时接触地面，如图6-2所示。在具有一定速度的前提下，最好是同侧腿支撑，同侧手持球触地，且把球放在身体（或支撑腿）外侧，也就是支撑腿的外侧且贴近、平行于支撑脚的位置，以减少不必要的失误或损伤。当然，在确保安全和稳妥的前提下，可以把球按压在身体周围的任何位置的地上。如遇阴雨湿滑、闷热流汗的情况，单手达阵时要非常谨慎，以防止球在伸向地面的过程中滑脱，造成掉球，失去达阵得分的良机。

图 6-2　单手达阵

二、双手达阵

  双手达阵如图 6-3 所示,球员双手持球,进入对方极阵之后,双脚前后开立,俯身屈髋屈膝下蹲,身体重心降低并向身体内侧侧转 45°,双手稳稳地持握住球并清清楚楚地把球按压在极阵区内的地面上,按压球的位置基本处于前脚脚踝内侧、胸部垂直投影的地方,双手跟球要形成一体同时接触地面。当然,双腿也可以平行站立,双膝略屈,俯身体前屈把球按压在极阵区内的地面上,按压球的位置在双脚连线中间的前面,基本与双脚形成等腰三角形。双手达阵切忌大意,如在球即将接触地面的瞬间,双手松开,使球落地后再弹起到手中,容易被细心的裁判判罚达阵无效,失去得分的机会。

图 6-3　双手达阵

三、鱼跃达阵

  意思是持球进攻球员进入对方极阵区的时候,身体动作像鱼在水里那样横跃起来,然后跌入或滑入得分区。进攻球员单手或双手持球、单臂或双臂抱球,单腿(或双腿)蹬伸向远处跳跃,核心稳定全身紧张,空中滑行时身体舒展,基本与地面平行,胸腹部首先着地,球跟身体形成一体同时接触极阵区的地面并顺势滑行,动作展示如图6-4所示。

图 6-4 鱼跃达阵

四、花式达阵

意思是持球进攻球员进入对方极阵区的时候,身体动作不仅像鱼那样跳跃起来,为了展示球员的个人技能和愉悦观众,有时球员也会展示具有表演性质的空中技巧动作,然后再把球按压在地上。例如前空翻、后空翻、鱼跃前滚翻、360°空中身体旋转等。

第五节 触地达阵得分的练习方法

一、原地坐姿达阵练习

(一)三点触地竞赛

3~6名球员围坐在地上,彼此间距1米,双腿伸直并分腿开立

45°,每名球员都双手持球于胸前。教练员鸣笛竞赛开始,球员要双手持球快速在自己身体的左侧地上、正面地上、右侧地上依次触地,然后再依次触地返回。教练员规定触地达阵的次数,例如 10 次、15 次、20 次等,率先完成的球员获胜。然后可以变化为单手持球,右手持球连续触地达阵竞赛和左手持球连续触地达阵竞赛。这样可以提高球员双手和单手对球的把控能力,以及感受持球触地时的本体感觉。

（二）侧躺展臂触地竞赛

4~6 名球员两两相对而坐,双腿伸直并拢,彼此左右间距 2 米,每名球员都双手持球于胸前。教练员鸣笛竞赛开始,球员要双手持球在侧躺到地上的同时要展臂触地,然后快速起身回复到起始坐姿状态,再快速向另一侧躺倒并触地达阵,依此循环进行练习。教练员规定触地达阵的次数,例如 5 次、10 次、15 次等,率先完成的球员获胜。然后可以变化为左、右单手持球连续侧躺触地达阵竞赛。这样不仅可以使球员体会不同身体姿态下触地达阵的感受,还可以提高球员在不稳定状态下手对球的把控能力,亦可提高球员的核心区力量和身体协调能力。

（三）前屈平躺触地竞赛

6~8 名球员两两相对而坐,双腿伸直与肩同宽,彼此脚碰脚,2 名球员搭档成一组,每组的其中一名球员双手持球于胸前。教练员鸣笛竞赛开始,持球球员快速平躺下并双手持球在头上位置的地上触地达阵,然后似仰卧起坐般快速起身并把球递给另一名球员,另一名球员接过球后做同样的动作,依此循环进行练习。教练员规定触地达阵的次数,率先完成的组获胜。

二、原地跪姿达阵练习

（一）跪姿推球

球员双膝跪地,双膝分开并调整至舒适的宽度,身体前倾俯卧,一枚橄榄球放置于球员胸部投影的地上,橄榄球的纵轴(缝合线)与球员面对的方向一致,球员双臂略弯,双手把握住橄榄球的两侧。通过髋关节的伸展,双手把球推向前方,直到身体全部俯卧到地上,双手持球伸展至最远端,与"健腹轮"跪姿练习的动作相似。

(二)跪姿前扑达阵

球员的起始准备姿势与跪姿推球一样。练习时,髋关节快速向前伸展,同时双手把球从地上拿起来,并把球定位于胸前,随着身体向前的驱动,双臂顺势向前伸展。待身体和手臂充分伸展,双手持球触地达阵的同时胸腹部着地。注意球员身体俯卧伸展,核心区稳定、绷紧,不要后屈小腿,球触地时不能脱手。

(三)侧躺倒地达阵

球员双膝跪地,两腿并拢,双手持球于胸前,髋关节保持平直。练习时,控制好侧躺的速度,以免肩关节或锁骨受伤,接触地面的瞬间,身体稍稍内扣,核心区稳定,背部肌肉紧张,让侧背部(背阔肌)首先落地,然后快速伸展双臂,双手持球在头前方的地上触地达阵。

三、原地站立达阵练习

(一)接球达阵竞赛

3~6名球员一组一球,一字排开,彼此间距2~3米(可逐渐加大距离),可分组进行竞赛。每组的第一名球员双手持球,教练员鸣笛竞赛开始。第一名球员快速体前屈用球叩击地面,必须要听到球接触地面时发出的声音,球必须牢牢把控在手中,然后快速传递给第二名球员,第二名球员接到球后重复前面球员触地达阵的动作,依此循环进行练习。教练员规定传球达阵往返的趟数,率先完成的组获胜。然后可以变换其他动作再达阵,例如腰部绕环后再达阵、360°转圈后达阵、胯下绕环后再达阵、抛球拍手后再达阵等。

(二) 持球前滚翻

球员分成两队,迎面纵队站立,中间放置一块较大的软垫,其中一队的第一名球员双手持球。练习开始时,第一名球员原地上步或走动中降低身体重心,双手持球贴近胸部或单手抱球于胸前,在软垫上做前滚翻。基础动作熟悉之后,球员可适当提高行进间速度,降低身体重心,俯卧冲向软垫的同时双手持球于胸前,随着身体的下落,双臂前伸,双手把球按压在软垫上达阵,顺势团身进行前滚翻。球员持球做完前滚翻后,把球交给对面队伍的队友,依此进行循环接力练习。

(三) 前扑达阵

选择或设置适宜练习前扑达阵动作的场地,例如天然草地、沙地,或软垫上。球员双手持球于胸前,选择合适的位置站立,例如距离软垫1米远的地方。然后屈髋屈膝降低身体重心,稍前倾俯卧。依据自己的习惯,右腿(或左腿)上前一步,身体重心随之前移,右腿(或左腿)用力蹬伸,使身体向前飞跃,同时要伸臂展体。双手持球先触地达阵,紧接着胸腹部着地,然后是大腿着地,完成前扑达阵动作时球员要完全俯卧在地上。前扑达阵时,尽可能不要使大腿或胸腹部先落地,容易使举着的球掉落。

四、行进间达阵练习

(一) 双手捡球达阵竞赛

利用5~8个标志圈,摆放成直线或折线的形式,每个标志圈之间相距5~8米(教练员自定)。根据球员数量分成小组,每组一枚橄榄球。教练员鸣笛竞赛开始,球员必须双手持球在每一个标志圈内触地达阵,然后直线快跑返回并把球交给下一名队友,进行接力竞赛,率先完成的队伍获胜。

第六章 达阵得分

(二)单手捡球单手达阵竞赛

根据球员数量分成2组,每组4~6名球员。利用4个橄榄球,2个标志碟,8个标志桶进行场地设置。两条通道,两个圆圈(可以用标志碟、标志桶规划),直径5~8米,如图6-5所示。教练员鸣笛竞赛开始,第一名球员启动进入通道,快速捡起第一枚球,顺时针弧线跑,把球按压触地放置在第一个1/4处;再快速弧线跑捡起第二枚球,按压触地放置在3/4处;快速弧线跑进入第二次顺时针跑动,捡起1/4处的球,并把球按压触地放置在2/4处;再快速弧线跑捡起3/4处的球,并按压触地放置于1/4处(起始位置);然后快速进入通道返回,并与下一位队友击掌接力,率先完成的队伍获胜。可以进行顺时针跑和逆时针跑,提高球员在一定速度下单手(左手或右手)捡球、触地达阵的控球能力,如何调整支撑脚与球的位置,以及体会身体向圆心倾斜时的快速捡球和按压触地达阵的感觉。

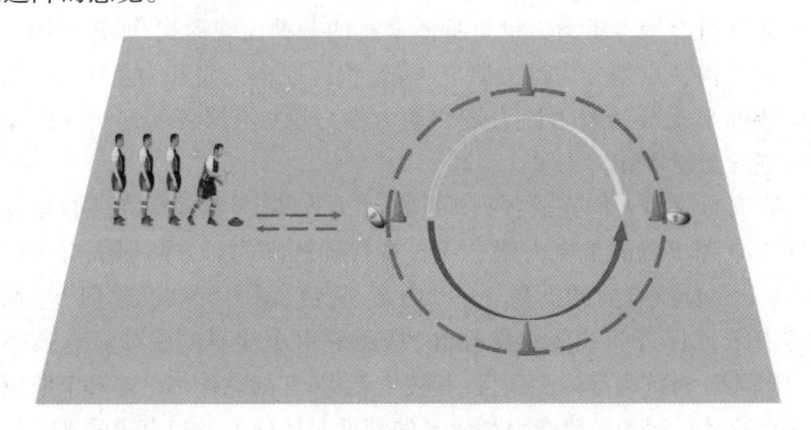

图6-5 单手捡球单手达阵竞赛

五、鱼跃达阵

球员双手持球于胸前,或单手抱球于胸部一侧,在快速跑动中进行蹬伸鱼跃,尽可能伸展身体往远处飞跃,避免如跳水般地冲向地面而造成身体损伤,落地时抱紧球与身体一起接触地面进行达阵。此时,球员的整个身体随着惯性在地面向前滑行。

第七章 肌肉力量素质训练

第一节 肌肉力量训练的定义与意义

运动生理学将机体依靠肌肉收缩克服和对抗阻力来完成运动的能力称为肌肉力量。肌肉力量是身体素质的一种表现形式,通常依据表现形式和结构特点划分为最大肌肉力量、快速肌肉力量和力量耐力;依据肌肉收缩形式分为静力性力量和动力性力量;依据表示方法不同又可分为绝对力量和相对力量。

肌肉力量是人们完成各种动作的动力来源,是运动员在各自运动领域获得卓越成就的重要因素之一。现代训练学的研究和训练实践已经证实,全面身体素质的提高——"力量、速度、耐力、灵敏、柔韧"平衡发展能有效地促进竞技能力的提高,从而取得更优异的成绩。竞技体育中,体能类、对抗类等许多项目,其技术动作、实战动作都是多环节肌肉群的联合运动。运动员肌肉力量水平的高低对快速力量和力量耐力素质有着重要的影响,也是运动员技术发挥和战术实施更具实效性的重要基础。

橄榄球比赛,特别是英式十五人制橄榄球的竞技场上,是力与力的较量,强悍与强悍的对决,意志与意志的考验,智慧与智慧的比拼,弱肉强食的自然法则在橄榄球赛场上体现得淋漓尽致。强悍的身体碰撞会让弱者却步,但会令强者愈挫愈勇,橄榄球运动的特色价值是:勇往直前,寸土必争!球员们彼此攻防的每时每刻都在体现着身体力量的重要性,强壮有力的身体和坚忍不拔的意志是成为一名优秀橄榄球运动员的前提和保障。

第二节　肌肉力量训练的作用与原则

一、肌肉力量在竞技运动中的主要作用

（1）为悉数动作提供力量，对专项技术动作有积极的辅助作用。肌肉力量的增强，可以使运动员跑得更快、跳得更高、投得更远，起动加速、急停转向等各种动作更加有效。

（2）可以增强身体各关节的稳定性，能有效地预防伤病的发生。在许多对抗性项目中，冲撞、抗冲撞、抗跌打的能力提高。

（3）可以增强运动员的自信心。一个运动员的综合能力，也就是说体能（力量）、技能（技术）都相对强，自信心也相对强。"没有技术的力量或没有力量的技术都毫无意义！"

二、肌肉力量训练的主要原则

（一）循序渐进、稳定性优先发展原则

肌肉力量训练强度、训练量应由小到大。关节的稳定性是力量在动力链间传递的基础，可以减少因局部失去稳定而导致整体功能失调和周围结构代偿，避免损伤发生。练习者必须持续渐进增加练习的肌肉所对抗的阻力，（加重）使肌肉在不断增加负荷的条件下不断产生新的生理反应。

（二）超负荷原则

肌肉或肌群对抗最大或接近最大的阻力练习，能最有效地发展肌肉力量。力量的增长与练习的强度有着密切的关系，强度愈高，肌肉受到的刺激越好，效果也越好。在肌肉力量训练中越来越重视训练强度，是当前训练负荷发展的总趋势。即在负荷诸因素中,训练强度为其首、训练次(课)数为其次、训练时间和训练总量为其末。依据力量训练过程中的不同要求,运动员要依据动作模式调节好呼吸,配合好训练。

(三)系统性、重复性原则

依据用进废退的原理,肌肉力量练习应全年系统安排。实践证明,经过系统训练,肌肉力量增长比较好,但停止训练后消退也快。合理的训练强度要系统、长期、常年重复练习,只有运动员有机体所产生的系列适应性持续良好变化,才能使力量素质得到不断的提高和积累。

(四)专门性原则

人们通常认为肌肉力量训练的主要目的是提高专项力量、专项能力,但是,如果力量训练动作刻意去模仿专项实际动作,不仅容易造成神经肌肉系统混乱,更容易引起伤病。应该通过基础力量训练不断地提高肌肉、肌群的力量,再通过专门的专项技术要求和规则,进行动作磨合训练,不断地把获得的基础力量转化为专项辅助力量,促进专项技能的提高。

(五)区别对待原则

主要指在力量训练中,除了所有人都要遵循的训练原则和要求外,还要依据个人特点和任务、目标,采取针对性的个性训练。但要注意,区别对待、个性训练,必须在统一严格要求的基础上执行,秉承训练的严肃性和严格性,杜绝训练计划去适应运动员的不良方式。教练组要求训练什么,就训练什么,而不是运动员喜欢训练什么,才训练什么。运动员不喜欢训练的,往往是他们的薄弱环节。

(六)变异性原则

在运动训练过程中,人体各系统和器官机能对身体训练是逐步适应的,肌肉力量训练也不例外。当机体对某一动作行为慢慢习惯就会对已经习惯的动作行为停止做出相应的积极反应,为了获得进一步的提高,就必须采取新的有效方法和手段来打破机体适应性的现象。例如,通过训练手段的可变性,训练负荷的变异性,以及变换项目的顺序、强度、次数、运动量,都可以继续促进力量的提高。变异性是打破适应性的有效手段。

(七)全面协调发展原则

人体是一个有机的整体,肌肉的分布、大小都有一定之规,它们之间相互牵引,维持着人体的平衡。如果肌肉力量发展不平衡,就很容易出现动作不协调、肌肉拉伤等现象。所以在训练中,不光要发展专项所需的力量,还要注重协同肌群和对抗肌群的训练,平衡发展,促进主动肌群能力的进一步提高。

(八)参与肌肉的充分伸展和充分收缩原则

力量训练时,每次重复动作的幅度从全伸到全屈应尽可能大,尽可能做全幅度的动作。只有肌肉的全长各部分、各位置都参与工作并加强,力量发展的潜力和性能才更好。另外,在力量训练时,要注意练习动作的快慢节奏,特别是大强度力量练习时,动作速度切勿太快,以平稳和防伤为主,感受整个用力过程,还要特别留意离心收缩(又称为退让性收缩,例如卧推时杠铃的下降部分)时刻的感受。

第三节 肌肉力量素质训练的特点与方法

一、英式橄榄球项目肌肉力量练习的特点

英式橄榄球运动员在进行肌肉力量训练时,除了常规的肌肉力量练习方法外,还要针对项目的特征性、特殊性进行一些特需练习。球员各部位肌肉力量的不断加强,既是运动专项所需,又是为球员自身安全、

免受伤害保驾护航。例如,英式橄榄球比赛中,斯克兰(Scrum)顶架、乱集团拉克(Ruck)的争抢。防守球员扑搂持球球员时,其主要用力和接触部位是颈肩部,那就要求球员的颈部肌肉和肩部肌肉的围度、力量相对强大。通常我们会在世界大赛的上场球员名单照片中看到一种现象,橄榄球运动员的脖颈宽度基本与脸颊宽度一致,这也充分说明了颈部肌肉围度和力量的重要性。再者像争边球托举球员,需要从半蹲静止状态快速托举队友到身体完全伸展状态,即不失时机地把身高2米多、体重120多公斤的跳球球员托举到空中,这就要求实施举托的球员有非常好的身体稳定性和上下肢协调力量。还有就是频繁冲撞、抗击打和跌倒,需要球员具备厚实的身体,特别是胸部、臂膀和背部需要有一定厚度、围度和力量的肌肉做保护、做抗衡。"倒地不能玩球"的规则要求橄榄球运动员要有超强的身体平衡能力。"勇往直前,寸土必争!"的抗争模式,使得持球球员有时身体负载多名防守球员时依然要坚毅向前,这就需要球员必须具备强有力的核心和下肢力量⋯⋯

　　英式橄榄球运动,是对抗项目,更是技能项目,被称为集体球类项目中的全能运动,对于球员身体素质特别是肌肉力量素质来说,要求非常高,是球员全身心投入比赛的前提和基础,是支撑球员施展高水平技能,达到其实效性的保障。强壮、厚实的身体是球员自身的护盾,对对手却是威慑、威胁。对于橄榄球项目而言,有力量无技能,有技能无力量,都不是高水平。肌肉力量素质训练的内容和动作明细请见肌肉力量素质训练类析图7-1。

图7-1　肌肉力量素质训练类析

第七章 肌肉力量素质训练

二、颈部肌肉力量练习方法

依据英式橄榄球项目的比赛特点,球员在赛场参与防守扑搂时、斯克兰(Scrum)顶架时、冒尔(Maul)夹扎时、拉克(Ruck)清铲时、强力冲撞等情境时,都需要球员的颈肩部进行强悍接触和角力,所以说,英式橄榄球球员的颈肩部肌肉力量尤为重要,不仅是项目特征所需,更是对球员生命安全和幸福生活的保护和负责。球员在颈部肌肉力量练习时,通过球员头部向前向后、向左向右的抗阻练习,增强颈部肌群(如头夹肌、斜方肌、胸锁乳突肌、肩胛提肌、斜角肌等)的力量和稳定性,做好自我防护,为全身心投入比赛奠定基础。

(一)弹力带颈部动力屈伸

1. 器材

弹力带。

2. 练习方法

(1)弹力带颈部动力屈伸如图7-2所示,弹力带的一端牢固固定,高度与耳朵平齐,另一侧包裹在头部耳朵上沿围绕部分。
(2)球员保持身体站立,挺胸抬头,根据自己适合的力度,调整好头部与弹力带固定点的距离。当球员正面面对(或背对)弹力带固定点时,弹力带围绕在球员的后脑部位(或前额部位),双脚前后开立,保持身体直立、稳定。当球员侧对弹力带固定点时,弹力带围绕在耳朵(左或右)上部,双脚平行开立与肩宽。
(3)动力练习时,确保躯体稳定,头部向前、向后和向侧移动,牵拉用力时头部动作可稍快,回位时肌肉持续紧张要缓慢、稳定,避免颈部肌肉、颈椎损伤。球员也可以采用坐姿或跪姿的形式进行练习。

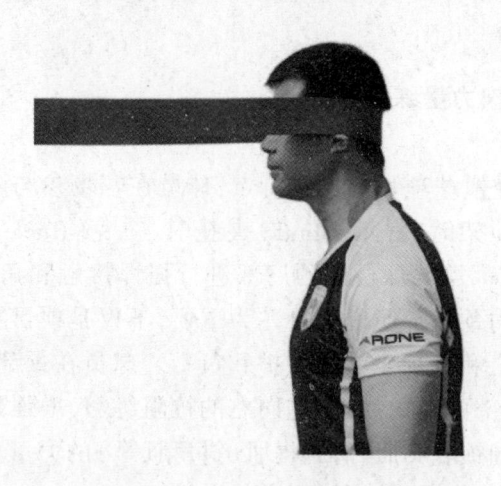

图 7-2 弹力带颈部动力屈伸

（二）练颈帽负重练习（前倾俯卧仰头、仰卧收下巴）

1. 器材

练颈帽（购买或自制）、杠铃片、长凳或跳箱。

2. 练习方法

（1）练颈帽负重练习如图 7-3 所示，把练颈帽戴在头上，下部悬挂适合自身练习重量的杠铃片。
（2）球员可采用半蹲姿势，双腿平行开立与肩宽，双手可以支撑在大腿上，以增强躯体的稳定性。
（3）动力练习时，头部（下颌收紧）随着杠铃片的重量缓慢下落，达到一定位置（颈部屈伸幅度由教练员决定）后稍停，然后稍快速度回位，进行重复练习。球员也可以采用坐姿或跪姿的形式进行练习。
（4）球员也可以采用仰卧在长条凳（或跳箱）上进行练习。球员头戴负重的练颈帽，仰面平躺在长条凳（或跳箱）上，头颈部在长条凳一段的外侧。练习时，球员颈部保持正常生理位置，然后依据杠铃片的重量，颈部肌群持续紧张并缓慢、稳定下落，达到一定位置时稍停顿，之后稍稍快速用力回位,进行重复练习。

图 7-3　练颈帽负重练习

（三）长条凳俯卧抬头练习

1. 器材

长条凳、杠铃片。

2. 练习方法

（1）长条凳俯卧抬头练习如图 7-4 图所示,球员俯卧在长条凳上,身体挺直,头颈部处于长条凳一段的外侧,双手把握住适合自身重量的杠铃片,并把杠铃片固定在自己的后脑部位。

（2）练习时，球员双手把住杠铃片，从低头状态抬起至仰头状态，整个往返过程要缓慢、匀速、稳定，进行重复练习。

图 7-4　长条凳俯卧抬头练习

（四）两人配合颈部肌肉力量练习（跪姿俯卧按压仰头、侧卧按压侧仰头）

1. 器材

软垫。

2. 练习方法

（1）两人配合颈部肌肉力量练习如图 7-5 所示，球员俯卧跪姿在软垫上，双腿开立与肩宽，双手开立与肩宽或略宽于肩并直臂支撑在软垫上，辅助者靠近练习球员的头部前方位置站定，双手手掌展开且重叠并按压在练习球员的头顶后部。

（2）练习时，辅助者适当用力按压，并保持相同的持续力量。球员必须要保持好躯体稳定，通过颈部在压力下的连续、稳定屈伸加强颈部肌群力量。压力下低头时要缓慢，可适当减小对抗力量，顺从双掌压力低头，压力下仰头时可适当用力、加快。

（3）侧面练习时，球员可以采用侧卧位，手肘支撑身体或侧躺在地

第七章 肌肉力量素质训练

上。辅助者同样双掌重叠（或单手）并按压在练习球员头部耳朵的上部位置。练习球员在压力下向下侧头时要缓慢、持续紧张用力，而向上侧头恢复中立位置时可适当用力、加快。不论何种练习方法，整个练习过程中，一定要保持躯体的稳定性，安全练习放在首位。

图 7-5　两人配合颈部肌肉力量练习

（五）仰卧背桥三点支撑

1. 器材

软垫或平衡盘

2. 练习方法

（1）仰卧背桥三点支撑如图7-6所示，球员仰卧成臀桥状，身体三点支撑。

（2）练习时，球员双腿适当蹬伸并挺髋、挺胸，把力量过渡到肩颈部，并慢慢变为头顶支撑在软垫上，然后再慢慢回位，依此进行重复练习。练习之初，球员可以把双手放在身体两侧的地上，保持好身体稳定且起到一定辅助支撑的作用，也可以邀请辅助队友，让其抓住球员的双手进行提拉，以助力球员安全形成三点支撑，体会并慢慢掌握练习的要领，切记安全第一。待掌握练习动作后，球员可以自行练习，双手抱于胸前，三点稳定支撑。后期可以胸抱适合自身能力的杠铃片，增加负重以提高难度，使颈肩部肌肉力量渐进增强。

图7-6 仰卧背桥三点支撑

第七章 肌肉力量素质训练

（六）斜方肌练习

1. 杠铃耸肩

（1）球员根据自己的力量基础，选择适合自己重量的杠铃，双手悬垂抓住杠铃杆，站立并挺胸抬头保持好身体稳定性。练习时，两臂悬垂保持直臂，双肩同时用力分别向两耳方向提起，待提拉至最高处时稍稍停留，然后再缓慢落下并放至最低点，感觉双肩充分向下伸展，杠铃耸肩如图 7-7 所示，依此进行重复练习。

（2）球员也可以采用哑铃进行练习。双手各持一枚适合自身力量能力的哑铃放置于大腿外侧，如立正姿势时手的位置。挺胸抬头保持身体稳定，双肩同时向两耳方向提拉，提拉速度可稍快于放下的速度，但要确保双肩的上下运动。

（3）球员除了通过杠铃、哑铃保持身体直立状态练习外，也可以采用俯身耸肩的方法进行练习。练习时，两脚分开，挺胸塌腰保持身体稳定，俯身向前躯体与地面保持平行，两手持杠铃或哑铃下垂于腿前，两肩肌群放松完全下垂。然后双肩用力向上耸起至最高位置，稍停后再使双肩慢慢放松下垂还原，依此进行重复练习。

提示：练习时，手肘不要弯曲，身体保持稳定，不要进行代偿借力。轻、重负荷交替练习，效果会更好。也可以把杠铃放在身后进行耸肩练习。

图 7-7　杠铃耸肩

2. 直立划船

（1）如直立划船球员站立且双腿分开与肩同宽，挺胸抬头保持身体稳定，双臂伸直且双手悬垂在大腿前抓住适合自身力量能力的杠铃，双手尽可能并拢在一起，练习效果会更好。练习时，通过耸肩、大臂、屈肘、小臂顺序用力把杠铃向上拉到下颚处，杠铃杆可以触碰到两侧的大臂内侧，使肌肉充分收缩，稍稍停顿后缓慢放下，直至最低处，感觉双肩向下充分伸展。直立划船如图 7-8 所示，依此进行重复练习。

（2）练习时，球员也可以采用壶铃进行练习。

图 7-8　直立划船

3. 引体向上

（1）引体向上是检验上肢力量的一个重要指标，无论是何种项目，以完成 15 次标准（不摆动、无代偿）引体向上为标准来评定该球员是否有力量。相对力量好，对球员在比赛中的机动灵活起到非常重要的作用。

（2）引体向上如图 7-9 所示，球员双手正握单杠，两臂伸直，身体悬垂，腰背部以下放松，两小腿伸直或交叉。练习时，用背阔肌的收缩力屈臂引体向上，至下颚（下巴颏儿）超过横杠或颈后贴近横杠，然后控制好下落速度，直至初始状态，依此进行重复练习。引体向上练习可以很好

第七章　肌肉力量素质训练

的促进斜方肌和其他背部肌群的力量提升。

（3）球员具有一定的引体向上能力后，为了继续促进相关肌群的力量提升，可以在球员腰部系上腰带，悬挂一定重量的杠铃片；或者在球员腰部悬挂可以拖在地上的长铁链，随着引体向上拉离地面的距离逐渐加大，铁链的重量逐渐加大，依此来继续促进肌肉力量的提高。

图 7-9　引体向上

三、上肢和躯干肌肉力量练习方法

英式橄榄球比赛中，球员攻防时的搂抱、挖抢、推挡以及跌倒、抗撞击等动作的高效实施和自我防护，都离不开上肢和躯干肌肉力量的支撑和保驾护航。通常橄榄球运动员的前胸后背非常厚实，颈肩部肌肉发达，特别是大臂肌（三角肌、肱二头肌、肱三头肌）更是粗壮有力。而对于特殊位置的球员来讲，例如某些高水平队伍中的传锋球员，其小臂和手指、手腕的围度、力量较其他球员又是更胜一筹。

（一）卧推（杠铃 + 铁链、哑铃）

卧推即仰卧推举的简称，包括平板卧推、上斜卧推和下斜卧推，主要是提高手臂肌群、肩部肌群、胸部肌群，以及背部和核心肌群力量，是上肢力量练习的传统方法，卧推如图 7-10 所示。

变换推举的倾斜角度,主要是为了刺激胸大肌的上部和下部,使肌群更饱满、平衡发展。窄握,着重锻炼胸大肌的起点;宽握,主要锻炼胸大肌外侧。卧推练习时,要配合呼吸,慢下快推。

为了使机体适应性变异,获得更好的练习效果,球员有时也可以采用适当重量的哑铃练习,对关节的稳定性和左右手同时均衡发力都有促进作用。亦可以在杠铃两端悬挂拖地的长铁链,随着杠铃的推举高度提升不断增加重量,达到提高肌肉力量的目的。

图 7-10 卧推

(二)俯卧划船

俯卧划船是增加背阔肌厚度的最佳方法,主要锻炼的是中部背阔肌。结合橄榄球专项,介绍几种俯卧划船的练习方法。

其一,球员整个身体俯卧在长条凳或支撑架上,身体俯卧与地面平行或形成倾斜角度,双手直臂下垂悬握杠铃(或哑铃),然后快速提拉收缩,再缓慢放下回位。俯卧划船如图 7-11 所示。

第七章　肌肉力量素质训练

图 7-11　俯卧划船

其二，球员双腿平行开立与肩同宽，半蹲俯卧，挺胸塌腰保持身体稳定，身体俯卧基本与地面平行或形成倾斜角度，双手握住杠铃直臂悬垂。提拉和放下伸展的幅度尽可能大，更好地感受用力过程，刺激所要加强的肌群。俯卧划船如图 7-12 所示。

图 7-12　俯卧划船

（三）半蹲胯下提拉杠铃

半蹲胯下提拉杠铃如图 7-13 所示，杠铃的手持端加载适合自身力量能力的杠铃片，另一端以空杆的形式固定在地上的稳定器内，球员骑跨在杠铃杆上，保持半蹲姿势，挺胸塌腰稳定身体，双手把持住靠近杠铃片的把手或杠铃杆。

练习时,屈臂和伸展的动作幅度尽可能大,快提慢放,保持身体稳定无代偿借力。依此进行重复练习,亦可在手持端加载拖地的长铁链进行练习。

图 7-13　半蹲胯下提拉杠铃

(四)胸前上举

胸前上举如图 7-14 所示,也称为实力举,球员直立,双脚平行开立与肩同宽,挺胸抬头保持身体稳定,双手正手握住杠铃杆,屈臂把合自身力量能力的杠铃(或哑铃)放置于肩锁部位,仅凭借双臂的力量把杠铃举过头顶,直至双臂伸直,杠铃至最高点时稍稍后移位于耳朵上方,然后控制杠铃平稳回位,依此进行重复练习。球员也可以采用哑铃上举练习。

待球员建立基础力量后,可以加大负荷,通过身体的蹲起加速杠铃上举,用爆发力快举,然后慢落,提高上肢关节的稳定性和协调、平衡用力。

第七章　肌肉力量素质训练

图 7-14　胸前上举

（五）小臂屈伸（杠铃、哑铃）

小臂屈伸属于单关节运动，主要是提高肱二头肌和肱三头肌的肌肉力量，小臂屈伸如图 7-15 所示，可以利用杠铃、哑铃或弹力带进行重复练习。

利用哑铃进行肱二头肌练习时，屈臂收缩至最大角度时要注意内侧哑铃头外旋至最大角度，这样才能使肌肉完全收紧。前倾或俯卧练习肱三头肌时，直臂伸展至最远端后要继续顶、挑手腕，使握哑铃的拇指和食指领先。

图 7-15　小臂屈伸

(六)拧转提重物或抛抓铅球

拧转提重物如图 7-16 所示,球员双脚平行开立与肩宽,保持好稳定的姿势,然后利用一根 2~3 厘米粗的棍子,在棍子中间固定一根长一些的绳子,在绳子的另一头挂上适合重量的杠铃片,制作成卷绳。然后双手前伸,水平握住棍子,靠手腕的力量让棍子旋转,把绳子绕在棍子上并慢慢把杠铃片吊起来,就像卷扬机那样,再慢慢拧转放回去,依此进行重复练习。

图 7-16 拧转提重物

球员也可以利用杠铃杆或适合自身力量能力的杠铃进行小臂力量练习,如反手握杠铃杆进行卷手指手腕练习,正手握杠铃杆进行手腕抬起落下练习等。球员亦可以利用单手抛抓铅球的方法进行练习,以加强小臂和手指的力量。

四、核心肌肉力量练习方法

球员要不断加强自身核心区肌肉力量水平,为力量的传送构建运动链,提高身体的稳定性、控制力和平衡能力,提高肢体的协调性和工作效率,降低能量消耗,从而提高球员的竞技表现。

第七章 肌肉力量素质训练

（一）负重仰卧起坐

球员仰卧在地上或软垫上，双手抓举住一定重量（适合自身力量能力）的杠铃片，并把杠铃片放置于头后，双腿弯曲，膝关节呈 90°角，双脚抵压在地面上或让队友帮忙压住，用尽可能大的幅度练习仰卧起坐，负重躺下时肩部着地，起身时胸部触膝。身体核心区紧张，控制好练习的快慢节奏，平稳地慢慢平躺下去，快速收紧坐起来，同时也要配合好呼吸，负重仰卧起坐如图 7-17 所示，依此进行重复练习。

图 7-17 负重仰卧起坐

（二）仰卧两头起（腹部）、俯卧两头起（腰部）

仰卧两头起：如图 7-18 所示，球员完全仰卧平躺在软垫上，双手在头上伸直且并拢，双腿伸直并拢，吸气时腹部收紧，双手双脚同时抬起并在空中形成接触，臀部支撑整个身体做空中体前屈，腰部要抬离软垫，双手拍击双脚脚面。然后呼气并控制好身体的稳定性匀速回位，依此进行重复练习。球员也可以手持重物（如实心球、药球）进行练习。

图 7-18 仰卧两头起

俯卧两头起：如图 7-19 所示，球员完全俯卧在软垫上，手臂向前方伸直，双腿向后拉伸伸直，保持双手、双脚开立均与肩宽或略宽于肩。练习时，吸气收紧腹部，同时手臂和腿同时向上抬离地面，拉伸腹部肌群和脊椎的同时收缩竖脊肌、臀大肌、腘绳肌等，稍微停顿一下，再慢慢呼气放松，回到原始位置，依此进行重复练习。

图 7-19 俯卧两头起

第七章 肌肉力量素质训练

（三）长凳俯卧举腿（俯卧挺身）

球员完全俯卧并牢牢抱住长凳，身体贴紧长凳，双腿伸直并拢（或双腿开立与肩同宽或略宽于肩），髋关节以下部位在长凳一端的外面，双脚可以先放在地上。练习时，吸气背部竖脊肌、臀大肌等肌群收紧，双脚抬离地面并稍加速向上，尽可能抬高双脚，拉伸腹部肌群，到达最高点后再控制好身体稳定性匀速下落至起始位置，双脚控制住不接触地面，然后再次用力抬起，俯卧挺身如图7-20所示，依此重复练习，提高球员腰背部肌群力量。

图7-20 俯卧挺身

球员也可以借助俯卧挺身的健身器材进行练习，俯卧挺身如图7-21所示。球员俯卧于健身器上，双手手指交叉抱住后脑部，调节好健身器的高度，使支撑软垫位于球员髋关节下的大腿部，双脚卡住挡板。球员身体从挺直状态慢慢下落似体前屈状至上体与大腿呈90°角，然后腰背肌群用力稍快速恢复到身体挺直状态，遵循慢下快起的原则，进行重复练习。待球员掌握技术动作要领并具备一定力量基础后，可以增加负重进行练习，如球员双手把持杠铃片（或负荷包）于脑后，进行重复练习。

图 7-21 俯卧挺身

(四)仰卧臀桥腹部负重起落

仰卧臀桥腹部负重起落如图 7-22 所示,球员保持仰卧姿势,肩背部依靠在软垫长凳上,双脚开立与肩同宽或稍宽于肩固定在地面上,全脚掌着地支撑,形成臀桥状态。在球员腹部垫上软垫,把适合自身力量能力的杠铃压在腹部的软垫上,通过球员臀部的上下起落挺髋练习,提高核心肌群力量。

图 7-22 仰卧臀桥腹部负重起落

（五）侧桥练习

球员通过手肘支撑（或直臂手支撑）抬起髋关节（臀部）后，形成侧桥姿势，侧桥如图 7-23 所示。此时要保持似站立时的姿势一般，腹部收紧，臀部（髋关节）不能弯曲，身体成一条直线，把体重分担在脚支撑点和手肘支撑点之间，保持住这个姿势，直到身体不能维持直立或开始晃动，结束支撑。依此方法进行身体左右侧的侧桥练习。

球员的核心肌群具有一定力量水平后，可以在侧桥的基础上，增加一些难度或变式，例如侧桥时腿的开合、臀部上下起落、悬挂（Trx）侧桥、弹力带或杠铃片负重，以及战绳练习等形式，以更好地加强核心肌群力量和肌耐力。

图 7-23 侧桥

（六）健腹轮练习

球员可以通过健腹轮练习提高腹部肌群、腰臀部肌群及上肢肌群力量，通常有跪姿和站姿两种形式，健腹轮如图7-24所示。前者是将双膝放在跪垫上，双膝并拢或开立与肩宽均可，双手紧握健腹轮手柄，向前推动健腹轮至身体水平于地面，然后回收归位。后者是将双脚开立与肩同宽或宽于肩站立于水平地面，双手紧握健腹轮手柄，从体前屈动作开始向前推动健腹轮至身体水平于地面，然后回收归位，同样遵循慢推快收的原则进行反复练习。

图7-24 健腹轮

五、下肢肌肉力量练习方法

英式橄榄球运动员的下肢力量有三个明显的特点,力量大、爆发力强、平衡性好!

力量大,主要体现在前锋球员进行斯克兰(Scrum)的组架和顶推方面。通常,国际一线队伍的八名前锋的总体重基本在900千克左右,也就是说每名球员平均112.5千克,当然依据位置的不同所需要的身材特征也不同,自然也就存在体重差异。例如前排球员,特别是两名柱子(Prop)球员,需要粗壮型的球员,体重基本在130千克左右,夹在中间的勾球(Hooker)球员需要粗壮且身高稍矮型的球员,体重基本在110千克左右;第二排中间的两名锁球(Lock)球员,需要身高在2米左右,体重自然也要在120千克左右,位于两边的侧翼(Flanker)球员,需要身材匀称,机动性强,扑搂能力超强型的球员,体重基本在100千克左右;第三排的8号(Number 8)球员,需要身高马大、攻防兼备型的球员,体重基本在120千克左右。这样的8人组合跟对面的8人组合进行贴地顶推(中国人称为顶牛)争抢球权,可想而知,他们的下肢肌肉力量要有多强大。

爆发力强,主要体现在球员的瞬间加速能力和急起急停、突然转向能力方面。

平衡性好,主要体现在攻防球员之间发生身体对抗或集团推进、防御方面。英式橄榄球竞赛规则"倒地不能玩球"就充分表明了这一特点,球员凭借自身超强的身体控制能力,不会轻易倒地。

英式橄榄球运动的竞赛规则和本质特征,揭示了橄榄球球员必须要具备强大的下肢肌肉力量。

(一)深蹲(杠铃+铁链)

深蹲被称为运动之王,可以锻炼到身体80%的肌群,特别是腰部、核心肌群、腿部、臀部等肌群的锻炼效果更明显,还能增加骨骼密度,提高肌肉质量,促进睾酮激素的分泌和肌肉有效的生长,延缓衰老。国际知名速度教练洛伦·西格雷夫(loren Seagrave)曾执教过多位美国纪录保持者，并在 NFL 担任过 4 年体能教练。他认为，深蹲时机体多关节、多肌群参与，且关节活动和肌群牵拉幅度大，可以协调、平衡臀大肌和股四头肌的用力，减少膝关节损伤。深蹲越深越好，在最低位置可适当停顿 2～3 秒钟后再起来。在他的下肢力量训练课上，宁可深蹲 20 千克，也不做 200 千克的半蹲，负重深蹲是下肢力量训练的最重要的手段之一。

球员负重深蹲练习时，将适合自身力量能力的杠铃放置于背部斜方肌顶端。挺胸抬头，目视前方。两脚平行开立与肩同宽或略宽于肩。下蹲时，先屈髋再屈膝，保持双膝与双脚的方向一致，尽可能保持躯干直立。在力量可控的前提下持续屈膝降低身体，感受负荷重量集中于脚跟前部，当膝关节弯曲 90°（即大腿平行于地面）或臀部低于大腿水平面时，停止降低身体，脑袋带动躯体向上的同时双腿蹬地反方向用力，将杠铃扛起来，直到身体充分直立伸展。此时深蹲动作并未结束，要借助杠铃向上的惯性把力量充分施展至肢体最远端，即脚前掌快速支撑（提踵）后再恢复到初始位置，确保动力链的完整性。练习时要确保是安全可控（或有队友保护）的重量，有节奏的慢下快起，要提踵，注意身体的稳定性和协调性，深蹲如图 7-25 所示，依此进行重复练习。

图 7-25 深蹲

球员也可以在杠铃的两端加载拖地的长铁链，以增加练习的效果。

（二）硬拉

球员双脚平行开立与肩同宽，挺胸抬头，屈髋屈膝降低身体，正手握

第七章　肌肉力量素质训练

住身前地上的杠铃,双手握距稍宽于肩,腰背绷紧,臀部紧张、翘起,上体前倾45°。腿部肌群用力蹬伸提起杠铃,直至身体直立伸展,保持杠铃在最高位置停留2～3秒钟,然后再屈髋屈膝慢慢把杠铃放到地上,稍做身体的调整,再进行重复练习,硬拉如图7-26所示。

图 7-26　硬拉

(三)负重弓箭步(向前、向后)

球员挺胸抬头直立,肩扛适合自身力量能力的杠铃或胸前(或身体两侧)手持哑铃,身体直立,双脚并拢。控制好身体的稳定性向前迈步,步幅不要太大,身体和前后脚的方向一致。落地后,顺势屈膝下蹲,保持前、后膝关节90°。前腿小腿垂直于地面,后腿膝关节接近地面,然后前腿蹬伸站起恢复到初始位置,负重弓箭步如图7-27所示。球员也可以负重后撤腿做弓箭步练习。

图 7-27　负重弓箭步

（四）负重侧弓箭步（大腿、臀部肌肉）

球员肩扛杠铃和手持哑铃（或壶铃），由挺胸抬头直立状态开始，身体保持面向正前方，左腿或右腿向侧面开立跨步，形成侧压腿弓箭步的状态，身体重心压在屈膝下蹲的支撑腿上，大腿蹲平或低于水平面，膝关节在脚的正上方且方向一致，然后大腿用力并借助小腿肌肉挤压的反弹力蹬伸站立起来恢复到初始位置，再进行另一侧的练习。负重侧弓箭步如图 7-28 所示，依此进行重复练习。

图 7-28　负重侧弓箭步

第七章　肌肉力量素质训练

（五）壶铃深蹲跳

球员腰背挺直，双腿开立与肩同宽或略宽于肩，两臂伸直，双手在腹前握紧壶铃，平稳深蹲后快速爆发力垂直跳起，身体在空中直立，双臂控制住壶铃始终处于固定位置，双腿缓冲落地至深蹲位置，然后再次爆发力跳起。脚踩跳箱（深蹲）练习或在平地（半蹲）练习。保持好腰背挺直和身体的稳定性，慢下快起，壶铃深蹲跳如图 7-29 所示，依此进行重复练习。球员亦可以进行壶铃深蹲（或半蹲）的摆铃挺髋动作，进行下肢爆发力的练习。

图 7-29　壶铃深蹲跳

(六)单腿蹲起(手持重物)

球员腰背挺直,双手各持适合自身力量能力的哑铃,一条腿后伸,脚尖或脚背搭在长凳(或瑞士球)上,另一条腿支撑身体重量。身体和双脚方向一致保持向前。练习时,支撑腿屈膝下蹲,小腿垂直于地面,大腿与地面平行(或稍深),然后蹬伸支撑腿站立,保持好身体的稳定性,使身体在地面垂直方向进行上下运动。一侧腿达到一定练习次数后,换腿进行重复练习,单腿蹲起如图7-30所示。

图7-30 单腿蹲起

(七)平衡盘(或瑞士球)负重蹲起

球员利用平衡盘在不稳定的状态下进行下肢肌力练习,平衡盘负重蹲起如图7-31所示。球员腰背挺直,徒手(或双手负重适合自身力量能力的哑铃或壶铃)胸前交叉叠放,双脚平行开立与肩同宽,膝关节在脚的正上方且方向一致,在平衡盘上进行反复深蹲练习,以提高球员的平衡能力和下肢肌群的稳定性。

图 7-31　平衡盘负重蹲起

（八）蛙跳

球员腰背挺直，两脚平行开立与肩同宽，屈髋屈膝成深蹲状，上体稍前倾，两臂在身体后侧伸展。练习时，两臂用力向前上方摆动，同时双腿用力蹬伸，如立定跳远般把髋、膝、踝充分蹬伸，使身体向前上方跃起，然后双臂下落的同时腹部收紧抬腿，顺势屈髋屈膝，双脚全脚掌落地并适当缓冲，两臂继续后摆至初始位置，再进行前摆蹬伸跳跃，通常进行 10～15 次连续跳跃。蛙跳如图 7-32 所示，依此重复练习。

图 7-32　蛙跳

（九）爬行拉雪橇

球员利用腰带和绳子串连雪橇练习器（或轮胎）绑在腰间，加载适合自身力量能力的重量，双手、双脚撑于地面，似婴儿爬行时的姿势，但是双膝不跪地或不接触地面。前进时，以对侧边手脚作移动（右手左脚一齐动），前进力量主要依靠大腿、双脚蹬伸推进，双手只是起到支撑、平衡的作用，前进过程中，匀速稳定。练习时，球员要腰部挺直，不能让身体垮下来（也就是不凹背、不拱背），保持躯干稳定且有一定力量前行。爬行拉雪橇如图 7-33 所示。通常单次爬行在 20 米以上，根据球员自身能力，设定往返次数和间隙时间。

图 7-33　爬行拉雪橇

（十）俯卧推雪橇

球员腰背挺直，俯卧双手把持住雪橇练习器的手柄，身体几乎与地面平行。加载适合自身力量能力的重量负荷。在推动过程中，保持直臂，通过髋、膝、踝的蹬伸用力向前推动雪橇练习器。俯卧推雪橇如图 7-34 所示。通常单次推行在 30 米以上，根据球员自身能力，设定重量、速度和往返次数，以及间隙时间。

图 7-34　俯卧推雪橇

六、全身肌肉力量爆发力练习方法

（一）高翻（或膝上高翻）

高翻是经典的爆发力训练动作，分为提铃（杠铃从地面到膝盖）、引膝（杠铃从膝盖到发力点）、发力（杠铃接触耻骨联合到完成发力）、接杠（杠铃上飞到落在肩上）四个步骤，高翻如图7-35所示。高翻这个动作需要在一瞬间翻肘、顶胯、深蹲，技巧性极强，同时危险性也极强，新手需要在教练的保护与指导下进行练习，初期可采用杠铃杆或轻重量进行规范技术动作练习，循序渐进，逐渐增加负荷。

图 7-35 高翻

(二)深蹲挺举

球员双手以翻抓的姿势抓住杠铃,把适合自身力量能力的杠铃放置于三角肌前束。身体直立,双脚距离与肩同宽,双脚平行或脚尖微微向外,目视前方,这是动作的起始位置。然后球员要屈髋屈膝进行深蹲,深蹲站起来的同时,借助向上的惯性,双臂用力把杠铃举过头顶。稍稍停顿后把杠铃放回起始位置,然后再进行一次深蹲挺举。深蹲挺举如图7-36所示,依此进行重复练习。球员亦可以利用哑铃进行练习。

图 7-36 深蹲挺举

第七章　肌肉力量素质训练

（三）挺举　膝上（或弓箭步）

　　球员腰背挺直、收紧，双腿用力蹬伸把杠铃顺着小腿拉起来，站直身体。然后再把杠铃顺着大腿往下放至膝关节位置，双腿蹬伸发力并挺髋，杠铃贴着身体拉向下颌，杠铃惯性上升过程中，双臂顺势把杠铃向上提起来，甩小臂支撑，同时双腿由窄站距垫步快速转化为宽站距，同时快速屈髋屈膝深蹲到底，抬头挺胸，腰背收紧，双手在头上接杠并支撑，最后举杠铃站立起来。挺举如图 7-37 所示，依此进行重复练习。球员亦可以把深蹲动作变化为半蹲膝上挺举或前后开立的弓箭步动作进行重复、快速练习。

图 7-37 挺举

（四）波比跳

　　球员双脚与肩同宽站立，俯身下蹲，双手撑地与肩同宽，同时双腿向后跳跃伸直；屈肘，身体触地。双手先推起上半身，再将双腿快速向腹部收回；然后由蜷曲深蹲状态快速起身伸展跳跃。双手在头上击掌之后迅速俯身下蹲，没有站立过程，尽力向高处跳。波比跳如图7-38所示，依此进行连续、重复练习。

图 7-38 波比跳

（五）原地弓箭步换腿跳

球员上半身与地面垂直，双腿下蹲至双膝均呈 90°角，后侧腿膝关节不着地。双手协调上摆（或固定不动）来带动身体起跳，身体在空中直立伸展的瞬间迅速换腿，落地下蹲至双膝均呈 90°角，双腿连续交替进行蹲跳。原地弓箭步换腿跳如图 7-39 所示。

图 7-39 原地弓箭步换腿跳

第七章 肌肉力量素质训练

（六）翻轮胎

球员靠近轮胎，双脚站稳并下蹲，身体前倾靠在轮胎上，双手把握住轮胎下沿，核心肌肉紧张，下肢用力蹬伸并充分伸展把轮胎抬起来。然后立刻抬起一侧的大腿，用膝部顶住轮胎，髋关节稍稍下落，转动双手以屈臂和胸部顶住轮胎并推起，最后用力把轮胎向前推倒，依此进行重复练习。翻轮胎训练是一个全身性的综合训练，可以锻炼到球员的全身肌肉，提高综合能力。

（七）大锤砸轮胎

这个动作的基础功能是练习人体旋转链的爆发力以及核心肌群的稳定性，是格斗类项目中最常见的体能练习，与拳击、柔道、橄榄球，乃至网球、羽毛球等运动中的部分动作模式很相似。抡锤砸轮胎时，髋、膝、踝要充分协调蹬伸爆发力，把躯干转动且由下至上的力量有效的传导至手中的大锤上，通过大锤的击打力度表现出来，是一项非常好的全身爆发力练习动作。

（八）雪橇冲刺

顾名思义，就是球员通过肩带和绳子把雪橇绑定在身上进行快跑冲刺，这样有助于发展球员的全身爆发力特别是冲刺能力。腰背挺直，快速有力地积极摆动双臂，提高蹬伸力量和频率，有效锻炼双脚与臀部的快速力量。为了安全起见，建议不要把绳子绑在腰间，容易破坏身体的核心稳定从而造成损伤，因为快跑动作具有前倾角度，肩部高度更容易牵引用力。

七、绳梯练习

（一）练习概述

绳梯，又称为"敏捷梯"，是脚步练习的主要工具，对很多需要脚步快速移动的运动项目,诸如足球、篮球、橄榄球等都有很大的帮助,运动员在进行绳梯练习时可双手(或单手)持橄榄球,不仅可以有意识地促进脚步动作控制能力的发展,更可以有效地改善全身、上下肢协调统一运动的协同、灵敏状况。

(1)绳梯能够提高脚步快速移动能力,提高大脑对下肢肌群的控制和机体协调性。

(2)绳梯能够提高身体的灵活性、平衡性和稳定性。

(3)绳梯练习能够增强脚部肌群、踝关节和膝关节的小肌肉群功能,降低下肢受伤概率,提高身体运动的节奏感。

(4)绳梯是最常用的促进下肢灵活、协调运动的工具,可以提高练习者多方位的移动速度和加速度。通过一遍又一遍地反复演练,会增加神经系统对速度和节奏的记忆,使练习者在必要的时候,下意识做出各个方向的快速移动。

(二)练习方法

绳梯练习,可以根据自身项目的专项特点,可在基础脚步练习的基础上进行演绎变化,改进或创新出新颖的、适合各自专项的绳梯脚步动作练习形式,使脚步动作更贴近专项所需。如橄榄球项目,就可以把许多的踩踏落地动作变换为踩地侧蹬,或把橄榄球比赛中的一些脚步动作移接、融入绳梯练习中,通过多次重复的熟练度,提高专项动作的合理性、协调性。通常,绳梯练习要分组进行,不同水平状况的球员,练习内容也不尽相同,要遵循循序渐进的原则,首先要打好规范实施基础动作的底子。如10~20名球员,分成2~4组,每组配备一条8~10米长的绳梯。球员双手(或单手)持球在绳梯的小格子内做小步跑、后踢腿、开合跳、高抬腿、前进后退、交叉步转髋、垫步移动等脚步练习,提高其协调性、灵活性,然后再专门练习专项脚步动作。

1. 两外一内

(1)方法:如图7-40所示,球员位于绳梯的左侧,身体稍稍前倾并保持低重心,双手持球于胸前。先抬起靠近绳梯的右脚,原地抬腿踏步后,左脚向前迈一方格的位置,然后右脚踏进绳梯内与自身平行的一格

第七章　肌肉力量素质训练

中,结合专项特点,此时的踩踏可以演变成全脚掌侧蹬,以结合比赛中的侧蹬变向动作。右脚在方格中侧蹬结束后即刻回收到外侧左脚的旁边,左脚即刻再向前迈一方格的位置,右脚再次踏进方格内做侧蹬的动作,依此循环练习。球员在绳梯的左侧完成一次练习后,可以转换到绳梯右侧,再进行同样的练习,以使左右腿的练习达到平衡发展。要求快速轻快、节奏感强,踩踏侧蹬有力、有弹性,可以在侧蹬时结合头肩部的协调晃动。

（2）目的：培养节奏感,提高动作的协调性、专项性,增强下肢小肌肉群协调用力和全身神经肌肉的快速反应。

图 7-40　两外一内

2. 一外两内

（1）方法：如图 7-41 所示,球员双脚平行站立位于绳梯的左侧,双手持球于胸前,俯身稍前倾保持低重心。球员右脚踩踏进斜前方绳梯中的一个方格中,左脚即刻跟进并与右脚并拢,右脚快速向绳梯格外的一个方格的斜前方位置进行踩踏,此时的踩踏可以演变成全脚掌侧蹬,头肩部配合向外晃动,身体重心转移至右腿。在右脚侧蹬的同时,左脚轻抬离开地面,待侧蹬完毕重心回移时,左脚在绳梯中向前迈一个方格的位置,右脚跟进并与左脚并拢,左脚快速向绳梯外的一个方格的斜前方位置进行踩踏侧蹬,左脚踩踏侧蹬的同时,右脚轻抬并在身体重心回移时,在绳梯中向前迈一个方格的位置,依此循环练习。要求轻盈快速,保持全脚掌侧蹬有力,节奏感强,持球摆臂协调,身体重心的移动要结合头肩部晃动。

（2）目的：提高球员身体协调性,下肢控制和侧向侧蹬变向能力。

图 7-41　两外一内

3. 交叉平移

（1）方法：如图 7-42 所示，球员双脚并拢位于绳梯的右侧，双手持球，俯身稍前倾保持低重心。球员右脚向斜前方交叉过左脚并踩踏进绳梯的方格中，左脚即刻跟进并平移至绳梯左外侧，待左脚落地踩实后右脚即刻跟进并与左脚并拢，球员位于绳梯左侧位置。球员左脚向斜前方交叉过右脚并踩踏进绳梯的方格中，右脚即刻跟进并平移至绳梯右外侧，待右脚落地踩实后左脚即刻跟进并与右脚并拢，此时球员位于绳梯的右侧位置，依此循环练习。要求步骤、步法清晰，交叉步在身体重心移动的带动下协调迈进，每次交叉步均向前迈进一个方格。

（2）目的：体会身体重心移动带动脚步移动的感觉，提高球员身体的平衡能力和核心稳定性。

图 7-42　交叉平移

第七章 肌肉力量素质训练

4.进三退一

(1)方法:球员可以在绳梯中间的小方格内练习,但是容易把绳梯钩撩起来,中断练习并浪费练习时间。最好是在球员已经熟练掌握该练习后,两名球员各自位于绳梯一侧,进行练习比赛。如图7-43所示,球员双脚并拢位于绳梯的右侧,双手持球于胸前,俯身稍前倾保持低重心。球员的外侧脚向前迈一格位置,然后内侧脚向前迈一格位置,外侧脚再向前迈一格位置,即右脚-左脚-右脚,交替向前迈进,待向前迈三步后即刻停止,外侧脚要向后踩踏一步一格的位置,然后再次向前迈进三步,依此循环练习。本练习主要是结合比赛中球员加速急停的脚步动作,重点是要提高球员在前进、急停时身体的前俯、后仰的晃动动作的协调性,以更好的假象晃骗防守球员。要求轻快、流畅,脚步移动与前俯后仰协调结合。

(2)目的:提高节奏感、上下肢协调性,特别是提高前俯后仰的上体动作与脚步的配合能力,以提高专项动作能力。

图7-43 进三退一

5.左右斜跨

(1)方法:如图7-44所示,球员双脚并拢位于绳梯的左侧,双手持球,俯身稍前倾保持低重心。球员的右腿稍稍抬起,右脚离开地面,左腿屈髋屈膝后蹬伸发力,跨跳至绳梯的另一侧,刚才抬起的右脚落地并屈髋屈膝进行缓冲,左脚即刻跟进并与右脚贴近,但要悬空,保持好身体稳定,然后右脚蹬伸发力,跨跳至绳梯的另一侧,每一跨跳均前进一格。要求轻快、流畅,保持核心稳定,屈髋屈膝。

(2)目的:发展身体动作的控制力,身体平衡能力,特别是体会落地缓冲和蹬伸用力的感觉。

图 7-44　左右斜跨

6. 交替伸腿

(1)方法:如图 7-45 所示,球员双脚并拢位于绳梯的小方格中,双手持球于胸前,俯身稍前倾保持低重心。 球员轻抬左腿并向前迈进一格位置,球员在向前迈进且左脚尚在空中时,球员的右脚抬起,好似在空中有一个小并步,双脚瞬间并拢,然后左脚落地的瞬间右脚前伸。球员右膝右脚轻抬并向前迈进一格位置,在向前迈进且右脚尚在空中时,球员的左脚抬起与右脚在空中形成瞬间小并步,然后右脚向前落地的同时左脚前伸,依此循环练习。要求先抬后迈,动作顿挫有力,节奏清晰,

第七章　肌肉力量素质训练

空中小并步短暂滞空停顿,上下肢协调向前,保持核心区稳定。

（2）目的：发展膝关节、脚踝小肌肉群的控制能力,结合橄榄球比赛中的垫步分腿动作,提高专项动作的协调能力。

图 7-45　交替伸腿

7.跳跃碰脚

（1）方法：如图 7-46 所示,球员双脚开立跨骑在绳梯正上方,双手持球于胸前,俯身稍前倾保持低重心。球员稍稍下蹲,屈髋屈膝,双腿蹬伸向前一格的位置纵跳,双脚在空中碰撞,双膝外展,使小腿和脚形成锥形。双脚在空中碰撞时,形成短暂滞空停顿,然后双腿平行开立骑跨在绳梯正上方,左右脚分别位于绳梯的左右外侧,双脚落地瞬间屈髋屈膝,缓冲的同时蓄力再次向前蹬伸纵跳,依此循环练习。要求身体重心稳定,滞空瞬间明显,双脚相互碰撞,控制好向前纵跳的距离和高度,上下肢协调一致,在双脚碰撞的瞬间可以适当增加一点头肩部的左右协调晃动,以增加身体动作的晃骗性。

（2）目的：提高球员的身体控制能力,结合橄榄球比赛中的变向动作,调高专项动作的协调能力。

图 7-46　跳跃碰脚

8. 斜跨平移

（1）方法：如图 7-47 所示，球员双脚并拢位于绳梯左侧，双手持球于胸前，俯身稍前倾保持低重心。球员右脚斜向上快速向前迈进两格进入绳梯中，左脚即刻跟进并与右脚并拢，左脚落地的瞬间，右脚快速平移至绳梯右外侧，左脚即刻跟进并与右脚并拢。然后球员左脚斜向上快速向前迈进两格进入绳梯中，右脚即刻跟进并与左脚并拢，右脚落地瞬间，左脚快速平移至绳梯左外侧，右脚即刻跟进并与左脚并拢，依此循环练习。要求两次快速移动脚步明显，步伐准确，上下肢协调联动。练习过程中，注意髋关节、膝关节的屈伸有度，控制好身体重心的起落，可以在斜上、平移交接处适当晃动，使动作更协调、顺畅。

（2）目的：改善下肢协调性和髋关节的灵活性、可控性，体会抬腿引导方向，后腿蹬伸发力，身体快速移动的感觉。

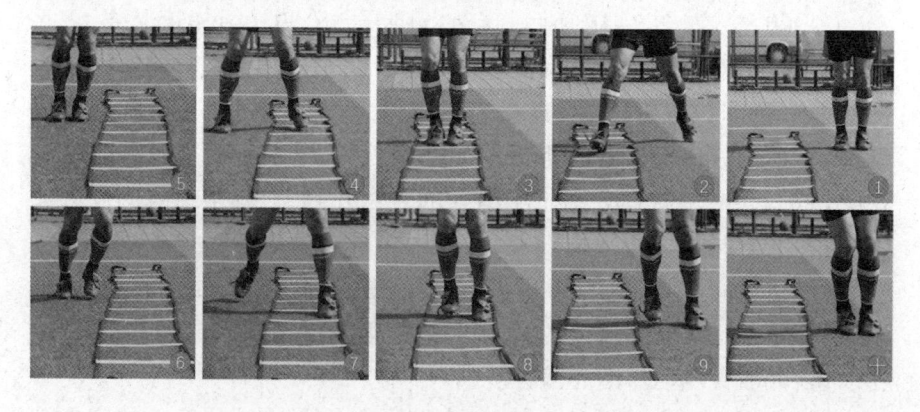

图 7-47　斜跨平移

第七章 肌肉力量素质训练

9. 前二后一单腿跳

（1）方法：如图7-48所示，球员单脚支撑位于绳梯中的小方格内，无持球，支撑腿膝关节微屈，俯身稍前倾保持低重心。球员单腿向前纵跳两格，然后后退一格，再向前纵跳两格，后退一格，依此循环练习。要求快跳慢退，节奏明显，身体前俯稍后仰，保持好身体的平衡、稳定。

（2）目的：发展下肢协调性、可控性和专项爆发力蹬地，提高单腿支撑、跳跃的稳定性，有利于球员在比赛中更好的控制身体平衡。

图7-48 前二后一单腿跳

10. 左右后摆腿

（1）方法：如图7-49所示，球员双脚并拢位于绳梯左侧，双手持球于胸前，俯身稍前倾保持低重心。球员右脚向斜上方踩踏进一格位置进入绳梯中，右脚落地的瞬间，左脚抬起并后撩交叉到右腿的后方，身体重心向右移动，使后撩的左腿伸向绳梯的右外侧。球员左脚落在绳梯右外侧的瞬间，右脚即刻抬起跟进并落地于左脚的前外侧一格位置。此时，左脚快速抬起并向斜前方踩踏进一格位置进入绳梯中，左脚落地的瞬间，右脚抬起并后撩交叉到左腿的后方，身体重心向左移动，使后撩的右腿伸向绳梯的左外侧，球员右脚落在绳梯左外侧的瞬间，左脚即刻抬起并落地于右脚的前外侧一格位置，依此循环练习。要求步伐清晰，节奏感强。此动作也被形象地称为"神龙摆尾"。练习时一定要稍稍撩高后摆腿，通过后摆腿带动整个身体的移动，从而更好地控制身体平衡。

（2）目的：改善髋关节灵活性，提高步伐节奏感，体会身体舞蹈般的协调感觉。

图7-48　左右后摆腿

11. 快速高抬腿

（1）方法：如图7-50所示，球员双脚并拢位于绳梯的小方格内，双手持球于胸前，俯身稍前倾保持低重心。为了与橄榄球项目相结合，此时的快速高抬腿练习要求球员低重心，俯身前倾，屈髋屈膝，每一次高抬腿前进一格，在控制好身体稳定性的前提下，双腿交替高抬的频率越快越好。

（2）目的：提高球员上下肢快速协调运动的能力，促进球员神经肌肉快速传导支配能力，提高球员双腿爆发力、强劲有力向前快速奔跑的能力。

第七章 肌肉力量素质训练

图 7-50 快速高抬腿

思考与应用

英式橄榄球是技术复杂多样、技术含量高的运动项目。提高项目竞技水平的关键在于提高球员的技术水平。技术提高需要日积月累,骐骥千里非一日之功。英式橄榄球比赛有八大环节、八大技术,各环节各技术又因个人位置不同而各具特点,有"增能""避势""会跑""对抗""熔合"等,不能仅盯着表象最多的"传球"和"体能"。英式橄榄球技术复杂多样且"非标形化"。初期递进式训练模式效果迟缓但又必须遵循,后期"以赛代练"是为了唤醒球员自身的内驱力,从而形成"内生动力性"技术发展。"内生动力"是行为机制的原动力,在学龄前阶段尤为突出,随着年龄的增长而逐渐减弱、消退。高技术水平必须"精加工",需要"日积月累"。"日积月累"对于大龄球员的发展有局限,但对于低龄儿童却有着广阔天地。无论是从"内生动力",还是"精加工"方面阐述,低龄"运动敏感期"的合理开发是提高英式橄榄球竞技水平的伊始。

一、英式橄榄球是多技术、高技术的运动项目

多技术、高技术是英式橄榄球项目的特征与本质。不能只注重球员比赛时的"传球""体能"和"体形"。传球是比赛中表现最多的动作,要求每位球员必须要"会传球"。"会传球"不仅只是单纯的传球动作,更要有与之紧密黏合的意识。传球只是英式橄榄球诸多"技术"中的一项,"会传球"不等于"会比赛",不能"管中窥豹""以偏概全"。"体能"和"体形"当然重要,是基础、是保障,但必须要协同、服务于"技术",才能体现"体能"和"体形"的价值、意义。大家都说,英式橄榄球运动是高强度身体对抗项目,亚洲人的身材不如欧美,肯定不行。那么,为什么同居亚洲、同肤色的日本队在2015年英格兰橄榄球"世界杯"上战胜了两届世界冠军南非队?为什么日本队可以进入2019年东京橄榄球"世界杯"

四分之一决赛？世界上有许多国家的橄榄球竞技水平发展缓慢或一直停步不前，关键是没有认清楚它的多技术、高技术本质。

什么是多技术、高技术？第一，环节多，技术形式多样；第二，技术的门槛高；第三，技术的延展无限；第四，技术的影响巨大。首先说第一点。英式十五人制橄榄球是两支队伍各15名球员上场比赛，是当今世界比赛人数最多的集体球类项目，且有其独特的项目特征，除了斯克兰(Scrum)、争边球(Line-out)、拉克(Ruck)、冒尔(Maul)的团体技术之外，个人技术也是独具特色，如传接球、踢接球、扑搂(Tackle)、射门(Conversion)、冲撞、倒地、鱼跃、步法等，又可以根据不同的位置和环境采取多种形式，是集体球类竞赛项目中特定环节最多、技术最多样化的运动。如果球员或教练员喜欢"挑食"，专拣"简单、安全、轻松"的环节和技术进行训练，必定会患"营养不良"。"技术"发展不均衡，优劣势明显，势必会严重影响竞赛过程和比赛结果。再来说第二点，英式橄榄球技术高门槛。诸如篮球、排球用手驾驭，足球用脚驱动，相对于椭圆形的橄榄球而言，重心难控、手脚并用且必须是向后传球和向前踢球，规则复杂，难度大，入门不易。篮球飞人迈克尔·乔丹退役后酷爱高尔夫球运动，尽管其身体条件优越，但是高尔夫球技术尚有欠缺。类似的例子俯拾皆是，可见"技术"对任何项目都有意义。再说第三点。我们很难评价上述这些高技术球员谁比谁的技术更高超，因为橄榄球技术延展无限，每个人都有其独特特色，难以进行绝对的比较。不像围棋比赛，在棋盘的有限范围内，可以通过每一次的落子来评判长短。恰恰是因为橄榄球技术的延展无限，才致使比赛紧张激烈、变幻莫测。最后说一下第四点。乔尼·威尔金森(Jonny Wilkinson)、乔治·格雷根(George Gregan)、丹·卡特(Dan Carter)、瓦萨拉·塞拉维(Waisale Serevi)、本·高力(Ben Going)、大卫·坎培斯(David Campese)等人，都是世界顶级的英式橄榄球明星和大师，有着各自不同的场上分工和专业位置技术，在各自队伍中的地位举足轻重，受到世人的尊重、膜拜。显然，他们的成就并不是因为他们的体格和体能特别优异，而是因为他们拥有无可比拟的"橄榄球技术"。从事橄榄球运动，必须从技术入门，那些侥幸想要避开"技术门槛"，致力于玩"体力橄榄球"的人，在当代橄榄球运动中是没有光明未来的。

2004年笔者在香港为DEA虎(DEA Tigers RFC)橄榄球俱乐部效力期间，作为中国队队长和俱乐部踢球技术代表，有幸与应邀赴港巡访的英格兰队明星球员乔尼·威尔金森（Jonny Wilkinson）进行交流。乔尼·威尔金森是2003年英格兰队赢得"世界杯"冠军的主力得分手，凭借出色的踢球、射门技术为队伍获胜奠定了分值基础，并在决赛的最后时刻反弹踢球射门成功，打破平局使英格兰队登上了世界橄榄球比赛的最高领奖台。当采访者问及他的成长经历、英雄事迹和球星生活时，他显得不苟言笑、温文尔雅、平铺直叙。可是，当我和几位来自中国香港、新加坡、萨摩亚、新西兰的球员交流踢球技术时，他却不拘形迹、绘声绘色、滔滔不绝地讲了一个多小时，帮我做英文翻译的俱乐部球友都感觉口干舌燥、有些跟不上节奏。这次交流着实让我受益匪浅。乔尼·威尔金森之所以成为英格兰的英雄和人们尊重的球星，关键在于他的踢球技术。"功名"也来自于"技术"。英式橄榄球被误认为是强悍身体对抗的"莽夫"运动，其实处处包含着无限的技术和智慧。人人都可以玩球，但是真正可以登堂入室、令人传颂的却寥寥无几，关键还在于技术。这里再举一个我记忆犹新、亲身经历的例子。2015年我回山东老家过春节，家乡有个"腊月二十七赶大集"的年俗。集市上，我驻足在一位50岁左右年纪的男子摆设的摊位前，他的摊位不售卖货品，而是在表演中国传统的"三仙归洞"戏法。道具是一张长条桌、一根筷子、两个碗、三个球，通过表演者的快手操作，便可使三球在两碗之间来回变换。路人1元钱可以跟表演者赌注一次。我出于好奇和凑热闹玩了几把全输了，明知道是手快就是抓不到，神出鬼没，这是碰上了"技术高手"。回到北京后，我专门到互联网上查找有关"三仙归洞"戏法的资料，认真观看了有"鬼手"称号的吴桥民间表演艺术家王保合的视频表演和解析，真是人外有人、技艺高超、神鬼莫测。我输在"高技术"下也在情理之中。任何行业的"高技术"都得来不易，不搞技术就摸不着门道。橄榄球技术门槛很高，门道很多，门外汉永远不知其所以然。丹尼尔·威廉姆·卡特（Daniel William Carter）是全球英式橄榄球界的当今传奇，是世界上最强橄榄球国家队的前队长，曾于2015年第三次获得"年度世界橄榄球运动员"称号，并三次被世界橄榄球理事会（World Rugby）加冕为"世界最佳运动员"。他凭借娴熟精准的"跑位技术"和"踢球技术"带领新西兰队屡获胜绩，包括2011年和2015年的"世界杯"冠军。2010年11月27日，他凭借1598分职业生涯最高得分纪录成为历史上得分最高的球员，打破了乔尼·威尔金森的1178分纪录。他从5岁开始练习橄榄球，风雨砥砺、岁月积累，获得了令其功成名就的"技术"。但是，他的跑位和踢球并不是每次都得心应手、百发百中，这也正是体现了技术的"无限性"，所谓学无止境、精益求精。

二、橄榄球技术的非标形性

跳水、体操等技术是在规定的高度和器械上，完成复杂、协调的动作，并根据动作的分值或动作的难度、编排与完成情况等给予评分，具有鲜明的"标形性"。相对而言，英式橄榄球技术却有高度的"非标形性"。"非标形性"难以从技术的内部机制进行研究，但是可以从技术的外显功效来进行分析。以下是几项橄榄球技术的特点。

（1）"增能"（包括增能传球、踢球，增能冲撞、顶架等环节）。很多项目技术首先在于"消能"，如足球的接球、篮球的运球等环节，而橄榄球更多的在于"增能"。橄榄球通过传递或踢球至高空时必须聚集"能量"，球才能飞得更快、更远、更稳定，尽可能缩短飞行时间，尽可能占有地盘。"增能"可为队友或团队创造有利局面。若想持续保有球权并按照既定的战术进攻，其诀窍首先在于持球人的"增能"，使之处于"高能""强能"状态。这里举个例子，乔纳·罗穆（Jonah Lomu）是新西兰历史上最著名的橄榄球员之一，身高近 2 米，体重近 120 千克的他是球队最大杀器。身高体壮的他无论是速度还是技术都是超一流的，尤其是他的持球突进简直无人能挡。在他的鼎盛时期，经常可以看到他自己拿着球冲锋陷阵，无论是被防守者抱着、拉着、拽着，都无法阻止他的前进，堪称新西兰的"超级坦克"。越是濒临接触对抗，越要"增能"，这是橄榄球高手在赛场上频频上演的"技术行为"。不能掌控这种"技术"，就跨越不过橄榄球行当的"高门槛"。然而，这种"技术"中的"强度""重心"和"位置""方向"等，又是变化无穷的。不但技术难度极高，而且必须同时融入"球场意识"和舍我其谁的勇气，才能体现出"增能"的实效性。"增能"主要在于身体协调能力的充分运用。传球、踢球、冲撞等动作，不只是上肢、下肢、躯干的部分肢体依序用力，而是全身协调组合用力的集成动作。而对于普通人，全身协调能力的运用是非常僵化的、简单的（橄榄球运动员绝不能如此，否则就"生硬、笨拙"，没有发展纵深）。要知道，从"普通人"过渡到"橄榄球高手"，是一个非常消耗青春、荆棘载途的技术认知历程。"悟透"这个道理，才能跨越橄榄球技术入门的"门槛"。

（2）"避势，抢先机"。英式橄榄球运动的赛场原则是"勇往直前，寸土必争！"进攻方，要持续的"增能"冲撞和支援保护，才能"波次"推进"蚕食"对方的地盘，最终完成达阵得分。作为防守方，如何有效的延缓和阻止对方的攻势？如何抢占先机和瓦解对方连续的冲撞"波次"？首要在于"避势"。"避"是避实就虚，"势"是动量、势能。防守人首先要"避"开持球进攻人的身体强劲部位和"势头"（持球人的正前方和腰部以上位置，特别是躯体速度带动下的肩部和臂膀，是力量聚集和爆发之处），继而针对其薄弱部位（如腰腹、大腿、膝关节、小腿、脚部）进行"增能"冲击搂抱，使其"减能"并失去"势头"，达到延缓和阻止其攻势。在此基础上，防守人或同伴若能抢占"先机"进行侵占地盘或挖抢球权，就会有极大概率土崩瓦解对方的攻势，转守为攻。攻防"避势"互有转化，"避势"有利于"机变"，要求肢体具有高度的"协同性"和"灵活性"。球员保持低姿、俯身、前倾，身体重心始终维持在由"双脚"构成的"底座"之内，这是攻、防"抢先机"的一般"外显"形象。

（3）"会跑"。"跑"是运动的常态，但具有高速度的人却稀缺，需要天分、技术、力量和后天努力。"会跑"是多种跑步形式所带来的"预期"和"实效"，取决于脚步"技术"和速度，来源于"意识"。英式七人制橄榄球"世界杯"冠军斐济队球星瓦萨拉·塞拉维（Waisale Serevi）的跑速不是很快，身材精干矮小，但他却成为冠军队队长，并入选"世界橄榄球名人堂"，成为斐济人的骄傲和世人敬仰的典范人物。关键就在于他的"会跑"。他凭借令人目眩神摇的脚步变化、超强的身体控制能力和浓厚的赛场意识，在"制造机会"和"把握机会"的相互转化上表现得淋漓尽致，无隙可乘。他总是能够在关键时刻，做出匪夷所思的"巧妙"动作，转败为胜；或出现在队友最期望的位置上，绝处逢生。橄榄球项目的"会跑"，主要是个人持球跑、无球配合跑和合理选位跑，通过"球场意识"调控跑动速度、节奏和方位，审时度势、随机应变，彰显个人的睿智思维和脚步技术动作能力。当然，高速度、会变向必定是橄榄球场上的一把"尖刀"。

（4）"接触对抗技术"。这是英式橄榄球区别于其他运动项目的本质特征。英式橄榄球被称为男子汉运动、勇敢者的游戏，赛场上无时无刻不在进行着各种形式的接触对抗，推、撞、抱、摔、举、抓、顶、翻、压等等动作频频发生，而且都是比赛规则所允许的，这完全不同于篮球和足球比赛中的合理冲撞。通过接触对抗，一要获得实惠的"效益"；二要清楚地"显形"于裁判；三要尽可能避免伤害（自身和对手）。英式橄榄球是由跑动、传球、踢球和对抗构成的竞技运动，接触对抗的作用巨大，每一次的发生都蕴含着丰富的、细致的技术和效果延展。这里举个例子。2003年初次踏足英式橄榄球国际舞台的肯尼亚队，其球员身材魁梧壮硕、体能充沛，但却屡战屡败，无论是对阵欧洲强队还是亚洲弱旅，几无胜绩，究其原因，关键在于肯尼亚队没有"对抗技术"。痛定思痛之后，肯尼亚队聘请欧洲有经验的教练员进行技术攻坚，如今已是世界前八强的队伍。对抗技术，是持续攻防的前提，是争抢球权由守转攻的节点，是保有球权获得胜利的保障，更是血脉偾张、扣人心弦的项目魅力所在。"接触对抗技术"必须要重视、探究、磨炼，提高其"安全性""实效性"。

（5）"团队熔合技术"。主要表现在斯克兰、争边球、拉克、冒尔、战术组合等环节。团队配合作战能否具有"聚合性""实效性"，不仅取决于"体能"，更来自于"技术"。球员需要控制好身位、重心、速度、方向和角度等个体技术功能，还要与队友有容忍、默契、协同和互浸等团队观念，是众多人技术的熔合。其"实效性"也不只在于技术动作的参与，也需要"语言""眼神"及肢体动作的"外显"表象等辅助配合。高技术的"互熔"是达成团队配合"实效性"的前提和保障。

三、橄榄球技术的训练提高

橄榄球技术的训练提高贯穿于"球员运动生涯"的全过程，主要由球员的自觉努力和教练员的辛勤执教工作联合驱动。体操、跳水等项目的技术是"标形技术"，动作过程可以精心编排、标形展示、直观评价，教练员的执教工作至关重要。橄榄球技术是"非标形技术"，一个动作不会重复两次，教练员无法指挥在运动过程中的球员进行标准操作，但可以从动作的"合理性""实效性"给予指导。橄榄球技术是球员对竞赛环境进行适应的产物，会"内生性"地产生出"技术"，其是否合规？是否合理？是否具有可发展性？则需要教练员给予正确的分析评判。橄榄球属于高危项目，球员必须具备一定的比赛能力后才可以参加正式比赛。在自我保护方面，不能只有观念意识，还要确实掌握自我保护的技能。

英式橄榄球技术的训练提高基本分三步。第一步，选位置，学技术，打基础。第二步，多实践，勤体会，积经验。第三步，自深省，精加工，勇

英式橄榄球运动个人技术解析和专项技能练习方法

竞高。英式橄榄球在中国尚属小众、新兴运动,民众对其知之甚少。对于冷门又是舶来品的英式橄榄球项目,绝大多数球员都是跨界、跨项而来,对项目的危险性、残酷性缺乏认知,过早、过多的伤害会令其提前结束运动生涯。这种现状下,球员自身安全性成为重中之重。因此,递进式技术训练是最适合初学者的方式。

第一步:教练员主导阶段。初学者首先要依据自身条件(如身高、体重、速度、力量、头脑等),选择适合自己的位置,如前锋(1~7号位置)、后锋(10~14号位置)、特殊位置(2、8、9、15号位置)。每个位置都有其独立的技术和功能。球员进行自我评估,教练员给予专业的讲解和分析,决定最终选择。在其位谋其事。位置定,就要认真学习橄榄球技术,不仅要学习常规的技术(如跑、传、踢、对抗、倒地、配合等),更要掌握跟自己所选位置直接相关的技术(如斯克兰顶架、勾球、争边球托举、掷球、扫传地上球、射门等)。此阶段需要教练员统筹安排,言传身教,解析动作,引入规则等,进行全面的指点、诱导。唯有打好"技术"基础,才能进行实质性的训练。

第二步:教练员与球员相互配合阶段。教练员设定针对性的训练方法或举行"限制级"的仿真比赛,带领队伍参加水平相仿的交流比赛或级别对等的赛事。球员要自觉、自律,配合教练员的合理安排,总结经验,发挥优势找不足。通过实践运用、检验所学技术和规则是否已为己用。

第三步:球员自觉努力阶段。教练员在这一阶段已经不能再继续教授给球员具体的"技术",只能依据球员自身特点给予一些合理的参考意见。球员需要深刻地自我反省,剖析、挖掘自身的优势和潜力,在已具备的优势"技术"上精益求精,在稍有固化的球场意识上提升认知,突破瓶颈,感悟"学无止境"和技术的"无限性"。充分利用高水平竞赛的快速、高压环境,"内生性"地促使"技术"继续提升、延展,敢于挑战世界高水平。

为什么很多球员在球场上坚守多年,却未见橄榄球技术有多少进步呢?其一,是由于球员对"技术"缺少自觉努力;其二,是教练员对"技术"缺乏认知和研究;其三,是缺乏能够持续促进技术训练提高的环境。所以,橄榄球技术并不是靠"混日子"就能掌握的,要知道"宝剑锋从磨砺出,梅花香自苦寒来"的道理。"技术训练"行至第二步时,最易横生枝节。为了炫酷和彰显威猛形象,偏重于"练旋转传球"和"练大块肌肉"

的年轻球员们会消耗大量时间，教练员也会因为忌惮日常训练致使球员受伤而避难就易，以安全、轻松和球员感兴趣的训练内容为主，疏漏了对"增能""避势""对抗""熔合"等本质技术的重视和发展，终致光阴虚度、华而不实。这种"障目避险"现象，对于教练员和组织者来说，是特别需要引以为戒的。如何架设一座科学合理、高效务实的通往"高技术"领域的桥梁，可不是一个无关大局的问题。

四、橄榄球技术需要"精加工"

英式橄榄球竞赛中的各项技术是经过特意训练获得的。由于橄榄球技术的"无限性"和巨大作用，更加突出了"精加工"的深远影响。

（一）日积月累

"精加工"，无论是对于球类竞技项目还是其他艺术领域的造诣，都有重要意义。"日积月累"是"精加工"的一个必要条件。东汉·王充《论衡·状留》："故夫河冰结合，非一日之寒；积土成山，非斯须之作。干将之剑，久在炉炭，铦锋利刃，百熟炼历。"宋·罗大经《鹤林玉露》卷十："一日一钱，千日千钱，绳锯木断，水滴石穿。"这里举个例子。近现代中国绘画大师齐白石，其画室内有一条用以自勉的条幅"不教一日闲过"。他艺术生涯中曾五易画风，到了晚年依然每日挥毫作画，笔耕不辍。齐白石笃行不怠、精益求精，形成独特的流派与风格。艺术修为在"日积月累"中得以"升华"，艺术境界在冗长岁月的洗礼、沉淀中得以"臻化"。但是"功名"并非与岁月呈线性关系，还与思想、情境、时间点等主、客观因素有关。"日积月累"，对于橄榄球技术的高水平提升，也是必由之路。年龄起点的不同制约着运动年限的长短。橄榄球竞赛是"体力活"，吃的是"青春饭"，在大龄起点上进行技术训练是有局限性的，而在低龄起点的塑造上，现下环境中留存有大量的被忽视、被闲置的资源有待去开发。假设以18岁作为大龄起点训练，由技术迅速成长阶段进入实战运用阶段，至少需要2～3年。然而从5岁起开始玩橄榄球的欧洲、大洋洲的"高手"们，其"日积月累"已近15年。现下中国，从13岁（初中学生）开始玩橄榄球的青少年屈指可数，到20岁时，"日积月累"共有8年。先不说技术加工过程中"质"的差异，单从数量累积看，就欠缺近半。仅凭参照"日积月累",你还敢说中国与他们可以等量齐观吗?

(二)橄榄球技术训练中的"质"

"日积月累",只是表述了技术训练过程中"量"的一面,而在有限时间、有限次数的竞赛中,技术需要的是"质"的一面。"量变到质变",是希望通过"量"的累积而达到所要求的"质"的层级。某物之所以是某物,是由于它具有特殊的质。例如高踢球,之所以称之为"高踢球",是因为技术动作规范、合理,球在空中能够达到一定高度,实效性强。那么,达到一定高度且可控制方向、落点,就是高踢球的"质"。又比如景德镇瓷器以白瓷闻名,素有"白如玉,明如镜,薄如纸,声如磬"之称,瓷质优良,造型轻巧,这就是技术加工水平的"质"。对于"景德镇"这一品牌来说,达不到一定"质"的产品就是"废品"。对于以"奥运会""世界杯"为目标的中国橄榄球来讲,"技术"水平达不到一定的"层级",就属于"淘汰品"。大家都知道这样一句话,"台上一分钟,台下十年功"。"一分钟"是"质","十年功"是"常年刻苦训练的积累"。那些京剧舞台上的名"角儿",如谭鑫培、梅兰芳、程砚秋等,没有成年累月的磨炼,哪来的"功成名就"。那么,如何才能达到一定层级的"质"呢?基于目前中国的体育政策、形势和项目现状,可按年龄段来进行技术"质"的训练。

(1)大龄基础期,必须依靠"教练员讲授技术"的发展路线,建立基础性橄榄球技术。"教练员讲授技术",就是说,在参加橄榄球比赛、限制级比赛以及比赛性游戏之前,球员通过教练员"递进式"训练的模式而接收、获得的基础性技术。这些"技术"主要来自于教练员的自身经验。这种"基础",不只是狭义的"技术",同时也包括了与"技术"融合在一起的"球场意识",是"技术"与"意识"的结合统驭,是优秀球员的"立项根本"。通过"教练员讲授技术",其一,使跨界、跨项而来且具备一定水平身体素质的运动员认知新项目,减少"无畏莽动"导致的受伤;其二,使运动员认识到其自身能力是否适合长期从事橄榄球项目;其三,使运动员从接触橄榄球开始就接受正规、规范、合理的基础性技术训练。因为以教练员为主导,那么,教练员自身的竞技能力、项目认知和执教水平就显得至关重要。为了弥补递进式训练中"球场意识"的淡薄,不能只单纯的练习"技术",还必须要"技术"结合"比赛",在刻意设定的相应比赛场景或环节、片段中实践,把教练员的"授予技术"与球员自我本体感受的"预知技术"相叠加、交融。"技术"发展进程中,要担当好彼此的角色,权重和主导位置要搞清楚。教练员和球员之间要互补相容,针对技术的"质"要"练对""练好""练苦""炼精"。"练对",教练员的指导理念和练习的方式方法要正确;"练好",球员的练习态度要端正,练习质量要高效;"练苦",教练员和球员彼此配合,勤学苦练、千锤百炼;"炼精",球员在"技术"上要精益求精,在"意识"上要精明睿智。

(2) 大龄发展期,必须依靠"自我内生性发展技术"的路线,"授人以鱼,不如授人以渔"。对于发展期的"技术"训练,"以赛代练"是关键。其一,跟随原队伍参加同等级别的赛事或联赛(熟悉的备战作息、队友、战术、比赛模式及争胜的心理),检验自身是否已经获得"授予技术",尝试和查验所掌握"技术"的实效性。其二,寻求高水平俱乐部或代表队(省队或国家队),参加全国性、国际性赛事或联赛,拓宽思路,积累比赛经验,增强球场意识,"技术"上精益求精,形成独特的风格和优势。其三,加盟具有一定知名度的国际俱乐部或球队(最好是国外高水平队伍),挑战新的生活方式和训练理念、模式,挖掘自身潜力,不断感悟和突破"技术"与"意识"的认知瓶颈,成长为"技术高手"。"以赛代练"会经历挫折、打败仗,但却能够教会球员日后如何取胜。

(3) 低龄敏感期开发。孩子运动敏感期是 3~9 岁,是"自我内生性技术发展"的最佳时期。孩子长大后的运动能力,与其小时候的培养一脉相连,而一旦错过,孩子在某一方面就可能很难发展到他本来可以达到的高度。技术的"内生性"机制在幼年时期尤为突出,但随着年龄的增长,这种机制会逐渐减弱、衰退。倘若没有在幼年时期获得优质的运动技能基础,将来就很难成长为世界级的橄榄球高手。从古至今,各行业名师都非常注重幼年择徒授艺,以使技艺得以传承延续,就是为了低龄期打好"技术"根基,以期日后师门鼎盛。因此,无论是从"精加工"还是"内生性"来看,低龄敏感期的合理开发是"技术"训练提高的第一步,是"高技术"发展的根本性基础,是进入世界竞技平台的关键性起点。在低龄期抓好优质技术训练,是攀登橄榄球技术世界高峰的战略问题!为什么 450 万人口的新西兰,能够多年屹立于世界橄榄球运动水平的顶峰? 5 岁玩橄榄球,10 岁投身联赛,这种深厚的文化底蕴和培养体系弥足珍贵、不可替代。中国橄榄球,想要在亚洲和世界舞台上与各个橄榄球强国抗衡、竞争,必须有自己的技术传承和培养体系。中国传统文化如何与海洋文明相结合,竞技水平如何才能稳定进步,关键在于是否"抓住要害"!祈望中国橄榄球运动的发展越来越好!

后　记

本书作者张志强是中国农业大学体育教学部副教授,北京师范大学体育硕士,运动健将。曾担任中国橄榄球男队队长(11年),中国橄榄球男队主教练(5年),北京橄榄球男队主教练(3年)。曾获得中国橄榄球协会主办的"全国十五人制橄榄球锦标赛"连续8届冠军;"全国七人制橄榄球锦标赛"6届冠军;中国大学生体育协会主办的"中国大学生七人制橄榄球锦标赛"5届冠军;北京市大学生体育协会主办的"首都高等学校触式橄榄球比赛"4届冠军。曾参加2002年韩国釜山亚运会和2010年广州亚运会,分别获得第五名和第四名;参加2006年多哈亚运会,获得第三名。1998—1999年,加盟香港Aberdeen橄榄球俱乐部;2000—2001年加盟澳大利亚布里斯班Sunnybank橄榄球俱乐部;2003—2005年加盟香港DEA Tigers橄榄球俱乐部,参加当地的橄榄球甲级联赛,并于2003年前往世界著名的英国Leicester Tigers橄榄球俱乐部训练、比赛。2008年和2009年在"国泰航空/汇丰银行国际七人制橄榄球系列赛"香港站的比赛中,个人达阵和个人得分均世界排名第一。2015年,在庆祝香港"国际七人制橄榄球系列赛"四十周年之际,与来自新西兰、英格兰、斐济、澳大利亚的六名世界级橄榄球巨星一起,被世界橄榄球理事会(World Rugby)评选为"Magnificent 7"世界最佳七人之一。同时,感谢中国农业大学体育教学部时永进老师、姜旭明老师和山东省淄博市体育运动学校唐婷教练的参与编写,感谢中国农业大学体育教学部主任束景丹教授的严谨指导。

Magnificent 7 世界最佳七人

左起：Jonah Lomu、Waisale Serevi、David Campese、Eric Rush、Christian Cullen、Ben Golling、Johnny Zhang（张志强）

  英式橄榄球运动1990年正式在中国农业大学（原北京农业大学）起步。这项运动在中国大陆虽然只有30余年的发展历史，但是在国家的支持和一代又一代橄榄球人的努力下，中国大陆英式橄榄球运动的发展已经形成规模、建立了体系。"正直、热诚、团结、纪律、尊重"是橄榄球运动的核心价值，蕴含着丰富的哲学内涵和文化内涵。英式橄榄球运动所具备的勇敢、强悍、无私、无惧等特质，对参与者身心健康的促进和身体能力的锻炼价值等，使其逐渐深受我国广大群众的喜爱。随着我国各级橄榄球组织的成立，橄榄球运动开始获得快速发展并取了突出成就。在国家队层面，中国女子橄榄球队在东京奥运会上取得第七名的优异成绩，激励和吸引了众多青少年参与到这项运动中来，加快推动了英式橄榄球运动在我国的发展。

  由于英式橄榄球运动在我国发展的时间还较短，基于对这项运动理解的局限性，有关这项运动的教材和普及性读物数量较少，而且质量较低。为进一步推广英式橄榄球运动文化，推动我国英式橄榄球运动的发展，提高英式橄榄球运动的教学与训练水平，编著者从我国的实际情况出发，结合自身多年英式橄榄球教学、训练和比赛心得以及科研成果，汲取世界和中国英式橄榄球运动发展的最新信息悉心编写了本书。

后　记

本书立足于个人技术,从个体身体动作的意义出发,逐步阐述英式橄榄球持球跑动、传接球、踢接球、扑搂、推撞、达阵等全面个人技术的意义、形式和方法,最后结合英式橄榄球运动的特点和对参与个体的要求,提出肌肉力量训练的原则和方法。本书不仅可以作为普通高校开展该项目的公共课教材,也可以为普通高等院校体育专业选修课程教学提供参考,还可以作为从事英式橄榄球教学、训练的人员以及广大英式橄榄球爱好者的参考用书。